V&R

Karl Friedrich Ulrichs

luja!

Witze und Anekdoten zur Bibel

2. Auflage

Vandenhoeck & Ruprecht

Dr. Karl Friedrich Ulrichs, geboren im trüben ostfriesischen November 1966, ist Pfarrer zweier evangelischer Kirchengemeinden bei Göttingen. Weil er Witze nicht behalten kann, schreibt er sie sich auf. Gerne erfährt er weitere Witze und Anekdoten zur Bibel (Kirchplatz 2, 37120 Bovenden, kfulrichs@gmx.de).

Bibliografische Information der Deutschen Nationalbibliothek

Die Deutsche Nationalbibliothek verzeichnet diese Publikation in der Deutschen Nationalbibliografie; detaillierte bibliografische Daten sind im Internet über http://dnb.d-nb.de abrufbar.

ISBN: 978-3-525-60008-5

Umschlagabbildung:
Lehrer Lämpel, www.akg-images.de

2. Auflage 2009

Druck und Bindung: ⊕ Hubert & Co, Göttingen

Gedruckt auf alterungsbeständigem Papier.

Einleitung

Eine alte Anekdote des legendären Pastors und Wilhelm-Busch-Neffen Otto Nöldecke veranschaulicht, wie schwierig es sein kann, Humor und Bibel zusammen zu bringen:

Ich besuchte einen älteren Mann, der sich das Bein gebrochen hatte. Gegen die Langeweile brachte ich ihm ein Album meines Onkels Wilhelm Busch mit. Beim späteren Besuch fragte ich ihn, wie es ihm gefallen hätte. Schmunzelnd antwortete er: »Wenn ick nich wüßt, dat Se Pastor sind und dat dit Book darum Gottes Wort sin mutt, harr ick oft bannig lachen mößt.«

Steinel, Gott 33

Die Worte jenes älteren Mannes zeigen, dass die Bibel nicht eben als ein humorvolles Buch wahrgenommen wird. In der Bibel finden sich denn auch keine Witze, wohl aber mancherlei Anekdotisches und Kurioses (z.B. Gen 9,20–27; 29,14b–30; Num 22,21–30; 1. Sam 21,11–16; 2. Sam 6,16.20–23; Esra 10,9; Jona; Lk 2,41–52; Apg 19,13–17; 20,6–12; Gal 5,2). Die auf Johannes Chrysostomos zurückgehende Behauptung: *Dominus risu abstinuit – Der Herr Jesus enthielt sich des Lachens* ist eine aus Umberto Ecos »Der Name der Rose« bekannte Humor- und Geistlosigkeit; die Menschwerdung Gottes sollte man nicht um das menschliche Lachen mindern, zumal nach Ps 2,4 Gott selbst lacht. Gott hat der steinalten Glaubensmutter Sarai mit ihrem Sohn Isaak »ein Lachen zugerichtet« (Gen 21,6; vgl. 18,12f). Psalmbetern ist verheißen, dass »unser Mund voll Lachens sein« (Ps 126,2) wird.

Dass biblische Texte zwischen Fremdheit und Vertrautheit changieren, dass ihnen Wahrheit, ja Heiligkeit zugeschrieben wird, und es in ihnen doch menschelt – das alles legt es indes nahe, mit der Bibel Scherze zu machen. Bibelwitze gehören zur Wirkungsgeschichte der Bibel, sind Äußerungen lebendigen Umgangs mit ihr.

Bibelwitze animieren nicht, über die Bibel, sondern mit ihr zu lachen. Solches biblisch inspirierte Lachen kommt der biblischen Botschaft zugute; im Humor mit der Bibel ereignet sich die Freiheit, in die uns die biblischen Geschichten versetzen. Wer Befreiung aus der Sklaverei in Ägypten oder von Sünde, Tod und Teufel erlebt hat, kann sich das Lachen nicht verkneifen. »Dass der von Gott geehrte Mensch sich selbst (…) reichlich wunderlich finden muss«, führt nach Karl Barth (KD III/4, 765) zu einem freien Humor derer, die glauben.

Gott ist es, der uns »das Lachen lehrt«, denn: »Gott will uns heiter sehen«, wie Hanns Dieter Hüsch dichtete – das ist schön und gewiss geglaubt! Dass Glaube und Heiterkeit Geschwister seien, ist so leicht gesagt, wie es indes auch schwer ist, daraus die Möglichkeit und Notwendigkeit von Witzen zu folgern.

Besonders lustig ist die Konfrontation des heiligen Wort(laut)es mit Mundart; in diesem Buch sind Witze in Schwäbisch, Hohenlohisch, Rheinisch und Plattdeutsch erzählt. Auch manche englischsprachigen Bibelwitze sind nicht übertragbar; sie leben von der in der Sprache geborgenen Atmosphäre oder sind Sprachwitze. Hierin bewahrheitet sich Johann Peter Hebels Verständnis der Bibel als Sprachschule auf kuriose Weise. Damit ist zugleich ein Anspruch formuliert: Wie erzählt man einen biblischen Witz so fein, dass er der heiteren Noblesse des Evangeliums entspricht?

Der Witz, insbesondere der biblische Witz, hat *Grenzen*. Die Frage nach den Grenzen ist neben einer Angelegenheit des Geschmacks immer auch ein Qualitätskriterium; ein auch biblisch schwacher Witz zu 1. Kön 17,1 ist als Beispiel aufgeführt.

Witze werden *erzählt*, sie wandern durch verschiedene Zeiten, Länder, Milieus. Witze leben in Variationen – darin gleichen sie einem Virus. Historische Anekdoten gerinnen, wenn ihre Protagonisten nicht mehr bekannt sind, zu anonymen Witzen; und umgekehrt: Witze werden zu Anekdoten ausgestaltet, die mancher erlebt zu haben meint; in seinem Buch über »Heiteres und Kurioses aus der Welt der Religionen« erzählt Georg Schwikart eine Variante eines alten Witzes (zu Gen 1: Gott als Schöpfer) als Erlebnis einer Freundin mit ihrer Tochter (119). Zahlreiche Bibelwitze verdanken sich dem jüdischen Humor – wie wohl auch umgekehrt mancher christliche Witz von jüdischen Witzeerzählern aufgenommen wurde. Auffällig ist übrigens, dass der Katholizismus – insbesondere im heiligen und heiteren Köln – mehr und bessere Witze erzählt als der Protestantismus; der bisher unerreichte katholische Klassiker ist Hans Bemmanns »Der klerikale Witz« (1970). Das vorliegende Bändchen »luja!« ist in mehrjähriger Sammelarbeit entstanden; wie es bei gehörten Witzen ohnehin geschieht, wurde dabei manches an den Witzen, die in Büchern oder im Internet veröffentlicht sind, verändert. So ist dieses Büchlein selbst ein Beitrag zur Überlieferungsgeschichte. Für rare Witze und Anekdoten werden (schon wegen des Urheberrechts) Fundorte angegeben. Hans von Campenhausen, gewiss der Gelehrteste unter den theologischen Humoristen, schreibt zum Problem von Urheberschaft und -recht, »dass es im Reiche des Humors eigentlich kein Privateigentum geben kann«; die eigenen »Diebereien« seien entschuldbar, da auch »meine Vorgänger (als Sammler von Witzen und Anekdoten) keineswegs besser gewesen sind als ich selbst« (Theologenspieß 7).

Witze und Anekdoten müssen sparsam verwendet werden, um nicht zum bloßen Spaßfaktor zu degenerieren. *Ora si va con motti e con iscede a predicare* – schon in Dantes Göttlicher Komödie klingt es ambivalent, dass man sich »jetzt mit Späßen und Witzen ans Predigen macht«. Vollends verbittet sich Friedrich Daniel Ernst Schleiermacher jegliche Kanzelkomik; bei Predigten sei »alles auszuschließen, was Scherz heißen kann«. Ich selbst habe in acht Jahren Pfarramt im Gottesdienst nur zwei Witze erzählt. Gerade wer mit gewissem Esprit predigen möchte, wird sehen: »Der Witz einer ernst zu nehmenden Predigt ist das Evangelium« (Zumkehr).

Bei der Arbeit mit Gemeindegruppen, im Unterricht mit Konfirmanden und Schülern stößt man rasch auf das Problem mangelnder biblischer Kenntnis, die selbst zum Gegenstand des Witzes wird (s. zu Josua 6) und das Verständnis biblischer Witze erschwert, keineswegs aber ein neues und uns entmutigendes Krisenphänomen ist, wie schon ein wilhelminischer Witz belegt:

»Schulze, Se sitzen ja auf'm Jaul wie Orpheus uff die Euridike!«, ruft der Unteroffizier in der Reitstunde dem Rekruten zu. In diesem Augenblick betritt der Offizier die Reithalle und nähert sich seinem Untergebenen: »Mein lieber Unteroffizier Meier, Ihre Bibelkenntnisse in Ehren, aber Gottes Wort wollen wir doch lieber aus der Reitbahn lassen.«

Genesis 1 und 2 (Gott der Schöpfer)

Fritzchen kommt aus dem Kindergottesdienst. Als ihn seine Mutter fragt, was er gelernt habe, erzählt er: »Gott ist ein Quirl!« Die Mutter meint, das könne nicht sein, aber Fritzchen besteht darauf. Beide einigen sich darauf, dass Fritzchen am kommenden Sonntag noch einmal nachfragt.
Eine Woche später, als Fritzchen heimkommt, fragt die Mutter: »Na, wie ist das nun mit dem Quirl?« »Ja, ja, du hast ja recht, Gott ist der Schöpfer – aber ich wusste, dass es irgendetwas aus der Küche ist ...«

Genesis 1,2

»Wer war der erste Dichter?«
»Nun, wer?«
»Nebel. Steht doch schon in der Schöpfungsgeschichte: *Dichter Nebel lag auf der Erde.*«

... schade nur, dass in Genesis 1,2 »Finsternis« steht.

Ein Chirurg, ein Architekt und ein PC-Networkadministrator streiten, wessen Berufsstand der älteste sei.
Der Chirurg: »Gott entnahm Adam eine Rippe und schuf Eva. Am sechsten Tag also schon eine Operation!«
Der Architekt widerspricht: »Vor Adam und Eva herrschte das Chaos, das Tohuwabohu. Gott baute die Welt. Die erste Tat war folglich eine architektonische Leistung.«
Der PC-Networkadministrator trumpft auf: »Und von wem stammt das Chaos? Na, von wem wohl?«

Genesis 1,3

Henry Ford in einer Privataudienz beim Papst: »Heiliger Vater, könnten Sie die Bibel nicht so ändern, dass da irgendwo das Wörtchen *Ford* vorkommt?«
Der Papst ist entrüstet: »Wo denken Sie hin?«
»Oh, Heiliger Vater, nur ganz unauffällig. Sie können sich denken, ich bin da nicht knauserig.«
»Nein, das ist ein Ding der Unmöglichkeit!«
»Ich biete Ihnen 10 Millionen Dollar!«
Der Papst wird traurig: »Sie betrüben mich, mein Sohn.«
»Dann«, sagt Ford, »sagen Sie mir wenigstens, was der Agnelli von FIAT für das *fiat lux* bezahlt hat.«

Dieser Witz wird auch zum Unser-Vater (Matthäus 6,10 *fiat voluntas tua*) erzählt.

Genesis 2,2 (Schöpfung in sieben Tagen)

If College students wrote the Bible:
Instead of God creating the world in six days and resting on the seventh, He would have put it off until the night before it was due and then pulled an all-nighter.

Als das Semester zu Ende ging, schloss Immanuel Kant ein Kolleg mit den Worten: »In der nächsten Woche werde ich noch kurz über die Elemente der Urnebeltheorie sprechen.« Ein Student erkundigte sich, wie viel Zeit diese Vorlesungen in Anspruch nehmen würden. Kant: »Am Montag beginne ich mit der Weltschöpfung, und am Freitag hoffe ich damit fertig zu sein.«

Köhler, Wahrheit 183

Ein Mann hatte sich beim Schneider eine Hose bestellt. Die Hose wurde und wurde nicht fertig. Als der Kunde sie endlich doch abholen kann, klagt er: »Gott hat die ganze Welt in nur sechs Tagen erschaffen – und Sie brauchen für eine Hose fünfmal so lange!« Entgegnet der Schneider: »Ja, aber sehen Sie sich doch die Welt einmal an – und dann schauen Sie diese schöne Hose!«

vgl. Goldschneider, Kain 4

Ein Witz aus den 1920er Jahren:

Während der Wirtschaftskrise stehen zwei Arbeitslose zum Stempeln an. »Weeßte, Heini«, sagt der eine zum anderen, »dat eene kann unsereenem noch zum Trost jereichen, dat unsere lieber Herrjott nach sechs Tagen ooch schon wieder keene Arbeet mehr hatte.«

Bemmann, Witz 268

Genesis 2,4b–14

Der Pfarrer macht seinen Rundgang durch das Dorf und bleibt an einem wunderschön angelegten Garten stehen. Voller Bewunderung sagt er zu dem Mann, der sich darin zu schaffen macht. »Wie im Paradies! Da hat ihnen unser Herrgott aber einen herrlichen Ort geschenkt und schöne Blumen und Pflanzen wachsen lassen.« »Ja«, knurrt der Gärtner, »aber sie hätten den Garten mal sehen sollen, als ihn unser Herrgott noch ganz allein bewirtschaftet hat!«

Genesis 2,18–34 (Adam und Eva)

Ein Chinese, ein Ägypter und ein Ostfriese streiten darüber, wessen Volk das älteste sei. Sagt der Chinese:

»Na, ihr beiden habt doch sicher schon von der Chinesischen Mauer gehört. Die ist dreitausend Jahre alt. Dann werden doch wohl die Chinesen das älteste Volk sein.« Kontert der Ägypter: »Was ist mit den Pyramiden? Die sind älter!« Fragt der Ostfriese: »Sacht mal, kennt ihr Eva? Tja, und die war ja eine geborene Akkermann …«

Die sprachliche Pointe dieses feinen theologischen Ostfriesenwitzes entgeht auch Theologen: Der Name »Adam«, von dessen Rippe Eva genommen ist, entspricht dem häufigen ostfriesischen Familiennamen »Akkermann« (s. Genesis 2,7). Diesen Witz gibt es auch in einer Variante:

Ein Brite, ein Franzose und ein Ostfriese treffen sich. Die beiden alten Europäer geben mächtig damit an, wer die frühesten Vorfahren, die längste Tradition vorzuweisen hat. Der Franzose schiebt sich die Hand in die Jacke und kräht nasal: »Napoleon, isch stamme *directement* von Bonaparte ab!« Der Brite hält mit und deklamiert: »Well, Shakespeare, kein geringerer ist mein *ancestor*.« Der Ostfriese kratzt sich hinterm Ohr und denkt angestrengt nach. Dann fragt er die beiden anderen: »Sachtma, ihr kennt doch Adam un Eva, ne?« »Ja, klar«, sagen die beiden. »Ja, und seht ihr: Eva – das war nämlich 'ne geborene Janssen!«

Es legte Adam sich im Paradiese schlafen;
da ward aus ihm das Weib gemacht.
Du armer Vater Adam, du!
Dein erster Schlaf war deine letzte Ruh'!

Matthias Claudius

Adam fragt Gott in einer stillen Stunde: »Wirklich, die Eva ist ja ein ganz leckeres Mädchen. Sag mal, warum hast du sie eigentlich so schön geschaffen?« »Ach, Adam, damit du sie dann auch heiratest.« »Ah, ja, das ist schön. Aber warum hast du sie dann so strunzdoof gemacht?« »Damit sie dich heiratet.«

Frage an Radio Eriwan: Stimmt es, dass Adam und Eva die ersten Kommunisten im real existierenden Sozialismus waren?

Antwort: Im Prinzip: ja. Sie hatten nichts anzuziehen, keine eigene Wohnung und glaubten trotzdem, im Paradies zu sein.

In the Garden of Eden sat Adam,
Disporting himself with his madam.
She was filled with elation,
For in all of creation
There was only one man – and she had'm.

Raveling, Limericks 39

Gott sprach: »Es ist nicht gut, dass der Mensch allein sei.« Und er wandte sich an Adam: »Mein Lieber, ich werde dir eine Gehilfin schaffen, eine *Frau*: die sieht klasse aus, ist im Bett eine Granate, ist total lieb, redet kein dummes Zeug, hält auch einmal die Klappe und ist überhaupt pflegeleicht. Na, wie findest du das?« »Ja, hört sich ganz gut an. Aber was kostet mich der Spaß?« »Ist nicht ganz umsonst«, sagt Gott. »Na, weil du es bist, sagen wir: ein Arm und ein Bein.« Adam schweigt; nach kurzem Nachdenken fragt er: »Und was bekomme ich für eine Rippe?«

Gut erzählt ist die englische Variante:

One day, after a near eternity in the Garden of Eden, Adam calls out to God: »Lord, I have a problem.« »What's the problem, Adam?« God replies. »Lord, I know you created me and have provided for me and surrounded me with this beautiful garden all of these wonderful animals, but I'm just not happy.« »Why is that, Adam?«, comes the reply from the heavens. »Lord, I know you created this place for me, with all this lovely food and all of the beautiful animals, but I am lonely.« »Well Adam, in that case I have the perfect solution. I shall create a ›woman‹ for you.« »What's a ›woman‹, Lord?« »This ›woman‹ will be the most intelligent, sensitive, caring and beautiful creature I have ever created. She will be so intelligent that she can figure what you want before you want it. She will be so sensitive and caring that she will know your every mood and how to make you happy. Her beauty will rival that of the heavens and earth. She will unquestioningly care for your every need and desire. She will be the perfect companion for you.« Replies the heavenly voice. »Sounds great!« »She will be, but this is going to cost you, Adam.« »How much will this ›woman‹ cost me, Lord?« Adam replies. »She'll cost you your right arm, your right leg, an eye, an ear, and your left testicle.« Adam ponders this for some time, with a look of deep thought and concern on his face. Finally Adam says to God: »Errrr, what can I get for a rib?« The rest is history.

Adam kommt wieder einmal später vom Büro nach Hause. Meint Eva: »Ich werde das Gefühl nicht los, dass du eine andere hast!«

Darauf Adam: »Also wirklich, Eva, du weißt genau, dass du die einzige Frau auf Erden bist.«

Nachts im Halbschlaf verspürt Adam Evas forschenden Finger auf seiner Brust. »Eva-Maus, was machst du da?« Sie, grantig: »Na, was wohl? Ich zähle deine Rippen …«

Ein misogyner Scherz, der auch durch seine jüdische Herkunft kaum salviert wird:

Cheder (Elementarschule für Hebräisch): Die Kinder lesen die ersten Bibelkapitel. »Rebbe«, fragt einer der kleinen Jungen, »warum hat Gott dem Adam die Rippe im Schlaf gestohlen, um Eva daraus zu machen?« »Mit gutem Grund!«, erklärt der Melamed (Lehrer). »Der Heilige wollte zeigen, dass bei einem Diebstahl nichts Gutes herauskommen kann.«

nach Landmann, Neues 53

Genesis 2,19f

Why did Adam name the big animal an elephant?
Because it looked more like an elephant than any other animal.

Genesis 3,6

God's plan made a hopeful beginning,
But man spoiled his chances by sinning.
We trust that the story
Will end in God's glory,
But, at present, the other side's winning.

Raveling, Limericks 38

Ein alter, vergessener Witz (vgl. ähnlich Haas, Theologe 75):

Fritzchen soll im Religionsunterricht die Sündenfallgeschichte nacherzählen und sagt: »Eva esste den Apfel.« Milde korrigiert der Lehrer: »Fritzchen, das heißt doch *aß*.« Daraufhin Fritzchen: »Eva, das Aas, esste den Apfel.«

Genesis 3,6 (6,14f)

Schtund bei de schwäbische Pietischte: Ein Bruder schlägt die Bibel auf, zufällig ganz vorn bei der Schöpfungsgeschichte. Er sieht einen Moment auf den Text Genesis 3,6 und beginnt dann vorzulesen: »Und das Weib …« – die Seite ist zu Ende, er muss umblättern, blättert, ohne es zu merken, ein paar Seiten zuviel um, – »Und das Weib war …« – landet bei der Noahgeschichte, beim Bau der Arche und liest weiter: »… von innen und von außen mit Pech verpicht, dreihundert Ellen lang, fünfzig Ellen breit und dreißig Ellen hoch« (Genesis 6,14f). Er schlägt die Bibel wieder zu, denkt angestrengt nach, zögert einen Moment und beginnt dann mit seiner Auslegung: »Liebe Brüder, dass Eva dreihundert Ellen lang, fünfzig Ellen breit und dreißig Ellen hoch war – das könne mer scho verschtehe. Sie war ja die Mutter aller Lebenden. Aber« – nochmaliges Zögern – »dass sie von innen und von außen mit Pech verpicht war – hano, das müss mer halt *glaube.*«

vgl. die hochdeutsche Variante bei Steinel, Gott 17f;
von Campenhausen, Theologenspieß 43

Genesis 3,6f

Bei einem Bankett sitzt eine tief dekolletierte Dame Kardinal Richelieu gegenüber. Statt die Augen schamhaft abzuwenden, wendet sich der Kardinal der Dame zu, greift in den Obstkorb zwischen ihnen und reicht ihr wortlos einen Apfel. »Wie meinen Exzellenz?« »Nun, als Eva den Apfel aß, merkte sie, dass sie nackt war.«

Dazu eine geistreiche Variante (vgl. Bemmann, Witz 230):

Bei einem Bankett sitzt eine maßlos dekolletierte Dame einem Priester gegenüber. Als sie beim Nachtisch einen Apfel aus einem Korb langen will, legt ihr der Priester die Hand auf den Arm und flüstert: »Vorsicht, Verehrteste! Denken Sie an das Paradies!«

»Keine Bange, Hochwürden! Ich bin nicht die Schlange, die Ihnen den Apfel reicht. Ich möchte den Apfel selbst essen.«

»Eben, eben«, kommt die Antwort. »Als Eva den Apfel aß, merkte sie, dass sie nackt ist.«

Genesis 3,7

Ein kleiner Junge öffnet die große, alte Familienbibel und schaut fasziniert auf die alten Seiten. Ganz vorsichtig blättert er jede einzelne um. Als er noch die ersten Seiten umblättert, fällt plötzlich ein getrocknetes und gepresstes Blatt heraus. Er hebt es auf und schaut es genau an. »Mama, guck mal, was ich gefunden habe – ein Teil von Adams Kleid!«

Genesis 3,10

Der Pfarrer bekommt auch nach langem Klingeln keinen Einlass in ein Haus. Er wirft seine Visitenkarten in den Briefkasten; auf der Rückseite vermerkt er: »Siehe, ich stehe vor der Tür und klopfe an. So jemand meine Stimme hören wird und die Tür auftun, zu dem werde ich eingehen« (Offenbarung 3,20). Am nächsten Sonntag überreicht die Dame des Hauses beim Verlassen der Kirche dem Pfarrer ihre Karte; hier findet sich der handschriftliche Vermerk: »1. Mose 3,10«. Sogleich schlägt der Pfarrer nach und liest: »Ich hörte dich im Garten und fürchtete mich; denn ich war nackt, darum versteckte ich mich.«

Genesis 3,14f

»Wir greifen nochmals das Thema der vergangenen Stunde auf, liebe Schüler: die Geschichte vom Sündenfall. Was sagte Gott vor der Vertreibung aus dem Paradies zu Eva?«

»Auf deinem Bauche sollst du kriechen dein Leben lang und Staub wischen.«

vgl. Bemmann, Witz 257f

Genesis 3,15

Im katholischen Religionsunterricht wird das Sakrament der Ehe durchgenommen; zur Ergebnissicherung fragt der Lehrer: »Wer hat die Ehe eingesetzt?« »Gott.« »Richtig. Und wann und wo?« »Im Paradies.« »Richtig. Und mit welchen Worten?« Statt wie erwartet Genesis 2,24 bekommt der Lehrer Genesis 3,15 zur Antwort: »Ich will Feindschaft setzen zwischen dir und der Frau.«

vgl. Bemmann, Witz 248

Genesis 4,1–16

Ein Witz über Witze als Bibelwitz:

»Warum hat Kain eigentlich Abel erschlagen?«
»Weil Abel ihm ständig alte jüdische Witze erzählte.«

»Wir müssen die Kriminalitätsrate erheblich senken!«, fordert der Innenminister.

»Wir haben aber doch schon sehr viel erreicht«, hält der Polizeidirektor dagegen. »Schließlich waren schon einmal 25% der Menschen Mörder.«

»Wann und wo soll es denn diese skandalösen Verhältnisse gegeben haben?«

»Na, als Kain Abel erschlug.«

Genesis 5

Friedrich Schleiermacher wurde während einer Diskussion über die historische und naturwissenschaftliche Wahrheit biblischer Erzählungen von einem skeptischen Mediziner gefragt, warum die Menschen des Alten Testaments so alt geworden seien. Schleiermacher, der als Seelsorger an der Berliner Charité gearbeitet hatte und daher viele Ärzte kannte, antwortete: »Ich kann es mir nicht anders erklären als so, dass eben damals die ärztliche Kunst noch nicht so weit ausgebildet war wie heute.«

Genesis 6,14f

S. zu Genesis 3,6!

Genesis 6,19–22

Scherzfrage: Wie viele Tiere hatte Mose auf der Arche? – Kein einziges. Es war ja *Noah*, der die Arche baute.

Der aus niedersächsischem Landadel stammende Patron einer Dorfkirche empfängt den jungen Pastor. Er erzählt nicht ohne Eitelkeit aus seinem Leben und von seiner alten Familie: »Wir können unseren Stammbaum bis in die Reformationszeit verfolgen. Wie alt ist denn Ihre Sippe?« – »Ach wissen Sie, unsere Familiendokumente sind leider bei der Sintflut verloren gegangen.«

Für seine Schlagfertigkeit war um die Mitte des 18. Jahrhunderts der württembergische Pfarrer Johann Friedrich Flattich bekannt. Einmal versuchte Freiherr von Osten den bekannten Prediger aufzuziehen: »Verehrter Pfarrer, ich kann mir einfach nicht vorstellen, wie Gott all die Tiere, die noch auf der ganzen Erde verstreut lebten, zur Arche und in sie hinein bekam. Das widerstreitet doch der Vernunft!«

Darauf Flattich: »Mein Lieber, sie vergessen die Allmacht Gottes. Er brauchte nur mit seiner mächtigen Hand die Tiere aus allen Himmelsrichtungen herbeizuwinken und zu rufen: Komm her, du Löwe aus dem Süden, du Gazelle aus dem Westen, du Dachs aus dem Norden, du Esel *von Osten*!«

vgl. ähnlich, ohne Namensnennung z. B. Haas, Theologe 32

Genesis 8,6

Kardinal Micara erschien einmal zu spät zu einer Audienz bei Johannes XXIII. Er entschuldigte sich wortreich damit, dass er eine Viertelstunde lang einen Parkplatz habe suchen müssen. »Ja, ein altes Problem«, meinte der Papst verständnisvoll. »Schon Noah suchte vierzehn Tage nach einem Anlegeplatz für die Arche.«

vgl. Kokschal, Buch 226

Genesis 11,1–9

Gott: »Wat is da unten eijentlich los? Da is ja ene Betrieb un e Jewusel, wat machen die da?«

Engel: »Sie errichten einen Turm, dessen Spitze bis an den Himmel reichen soll.«

Gott: »Wat de nich sachs! Bis an de Himmel? Un wann wollen se anfangen?«

Engel: »Sie sind schon fast fertig.«

Gott: »Och hör doch auf. Is doch Quatsch.« (Schirmt die Augen mit der Hand ab.) »Also isch kann nix sehen. Donn mer ens der Brill.« (Schaut angestrengt durch seine Brille.) »Also beim besten Willen, isch kann nix erkennen. Isch muss mer die Sach vielleisch emal von unten angucken jehen. Net dat die Blagen wieder wat verkehrt machen.«

Dieser Witz aus Bukowski, Humor 39f beweist nebenbei, dass Gott ein Rheinländer ist.

Genesis 11,7 (Sprachen)

In den siebziger Jahren in Moskau: Ein alter Mann sitzt auf einer Parkbank und liest in einer hebräischen Grammatik. Ein Agent des KGB kommt vorbei und schaut ihm neugierig über die Schulter: »Was für ein Buch ist das, in dieser fremden Schrift?« Es wird ihm erklärt: »Das ist Hebräisch, die Sprache Israels.« »In ihrem Alter werden Sie kaum nach Israel ausreisen können!« »Da haben Sie leider recht, aber auch im Himmel spricht man Hebräisch«, reagiert der eifrige Leser schlagfertig. »Und wenn Sie in die Hölle kommen?« provoziert der Agent. »Dort komme ich sowieso zurecht: Russisch kann ich ja!«

Genesis 19,26

Die beiden Kinder einer schwäbischen Familie werden am Sonntag während des Mittagessens gefragt, was sie denn heute im Kindergottesdienst gehört haben. Nach anfänglichen Schweigen und Überlegen fällt der älteren Tochter doch noch ein, dass irgendwas Schreckliches passierte und Feuer vom Himmel fiel.

Bei diesem Stichwort erinnert sich auch wieder der kleinere Bruder und erzählt von der Zerstörung der Städte Sodom und Gomorra, und erwähnt dabei:

»Und dann isch Lots Weib zum Salz-Schweinle worre.« Die ältere Schwester berichtigt ihn: »Hanoi, zur Salz-Säule isch se worre!«

Darauf rechtfertigt sich der Bruder: »Aber Säule isch doch ein zu wüschtes Wort für Lots Frau!«

Genesis 21,5

Ein wunderbarer Dreckfuhler aus einer Kinderbibel (schon bei Steinel, Gott 21, dort aber mit falscher Altersangabe):

»Gott segnete Abraham und schenkte ihm, als er einhundert Jahre alt war, ein Kino.«

Gefragt, wie es denn wohl richtig heißen müsse, antwortete mein seinerzeit zehnjähriger Sohn Benjamin: »Kinn?«

Genesis 22,5

Von einem holländischen Pfarrer, der Witwer war und einen einzigen Sohn besaß, wird berichtet, dass er seit langer Zeit mit seinem Kollegen, mit dem zusammen er eine Kleinstadtgemeinde zu hüten hatte, in offener Feindschaft lebte. Als er nun einen Ruf nach einer anderen Stadt erhielt, predigte er seinen Abschied über den Text 1. Buch Moses 22,5: »Bleibet ihr hier mit dem Esel. Ich und der Knabe wollen dorthin gehen.«

Haas, Theologe 60

Genesis 23,1

In der Talmudschule übersetzt der Lehrer dem kleinen David Wort für Wort: »*Watamot* – ist gestorben. *Sara* – Sara. Nun, David, wer ist gestorben?«

David: »Watamot ist gestorben.«

»Du Dummkopf! Du hast es nicht verstanden. Also noch einmal: *Watamot* heißt deutsch: ist gestorben. Und *Sara* eben Sara. Also wer ist gestorben?«

David: »Deutsch ist gestorben.«

Der Lehrer brüllt: »Du Rindvieh! Noch einmal: *Watamot* – ist gestorben. *Sara* – Sara. *Watamot Sara* – Sara ist gestorben. Also wer ist gestorben?«

David, so verzweifelt wie sein Lehrer: »Jetzt weiß ich gar nichts mehr! Das ist ja die reinste Seuche! Erst ist Watamot gestorben, dann ist Deutsch gestorben, und nun ist Sara auch noch gestorben.«

vgl. Landmann, Witze 84; Schwikart, Väter 18

Genesis 24,15–20

Ein Theologieprofessor hatte seine Studenten in ein Lokal eingeladen. Eine junge Kellnerin kommt an den Tisch. Der Professor bestellt und, um vor seinen Studenten seinen Charme zu demonstrieren, fragt er nach dem Namen der jungen Frau. »Ich heiße Rebekka.« »Ja, das ist schön; Sie gleichen Ihrem biblischen Vorbild – *sehr schön von Angesicht, eine Jungfrau, die noch von keinem Manne wusste*. Kennen Sie bestimmt.« »Aber sicher«, ist sie um eine Antwort nicht verlegen. »Aber sicher, Herr … Eliezer. Und ich werde auch gerne ihre Kamele tränken.«

vgl. Kokschal, Buch 233

Genesis 24,31

Von einer heiter-virtuosen Frömmigkeit zeugt eine Siegener Hausinschrift von 1781 an einem Gasthof:

Komm herein, du Gesegneter des Herren, warum stehestu draußen, ich habe dass Hauß für dich geräumet und für die Cameele au(ch Raum gemacht.)

Andreas Bingener/Friedrich Weber, Fachwerkhäuser erzählen Geschichten. Von Hausinschriften im Siegerland, Siegen 2000, 47, 129

Genesis 25,29–34

Linsen, Spätzle und Saitenwürstle sind die Leib- und Magenspeise der Schwaben (wie auch jeder leidgeprüfte norddeutsche Student aus Tübinger Mensatagen weiß).

Zwei schwäbische Stundenbrüder gehen nach der Bibelstunde über die Geschichte von Jakobs Coup mit dem Erstgeburtsrecht gemeinsam nach Hause. Nach einer Zeit schweigenden Nachdenkens fragt der eine den anderen: »Hättest du denn auch dein Erstgeburtsrecht für einen Teller Linsen hergegeben?«

»Schon«, lautete die Antwort, »wenn Spätzle und ein Paar Saitenwürstle drin gewesen wären!«

Genesis 28,10–19

Kaiser Leopold I. besuchte das Augustinerkloster in Wien und wurde vom Prior durch alle Räume geführt. Man gelangte in die Kirche und betrachtete das Altargemälde mit seinen geflügelten Engeln, die auf einer Jakobsleiter vom Himmel herabsteigen. Der Kaiser stutzte: »Wie kommt es, dass die Engel auf einer Leiter herabklettern, obwohl sie doch Flügel haben?« Betretenes Schweigen. Selbst der Prior wusste keine Antwort. Da trat der Novize Abraham a Santa Clara vor: »Halten zu Gnaden, Majestät, die Engel werden just in der Mauser sein.«

Köhler, Donnerwetter 21 f; als alte schlesische Schulanekdote ähnlich bei von Campenhausen, Theologenspieß 44

Genesis 28,16

Ein böswilliger russischer Gutsherr verfiel auf den Gedanken, den Popen und den Rabbiner seines Dorfes in einem Disput aufeinander zu hetzen. Wer zuerst eine Frage nicht beantworten konnte, sollte umgebracht werden. Der Rabbiner wollte sich nicht in Lebensgefahr begeben und war sehr froh, als der jüdische Kutscher – des Lesens und Schreibens kaum mächtig – sich erbot, statt seiner den Disput zu bestreiten. Angesichts dieses leichten Gegners erklärte sich der Pope bereit, die erste Antwort zu geben.

»Was heißt in der Erzählung von Jakob an der Himmelsleiter *anochi lo jadathi*?« fragte der Kutscher. Der Pope, ein exzellenter Hebraist, antwortete sofort (und in richtiger Übersetzung des Hebräischen): »Ich weiß nicht.« Das war kaum ausgesprochen, wurde er schon von den Bauern umgebracht.

Der gerettete Rabbiner bewunderte den genialen Einfall des sonst tumben Kutschers und fragte, wie er darauf gekommen sei. Der Kutscher antwortete: »Vor zwei Jahren fragte ich Sie einmal, was *anochi lo jadathi* heißt. Sie wussten es nicht. Und da dachte ich eben: Wenn der Rabbiner es schon nicht weiß, dann wird es der Pope auch nicht wissen.«

nach Landmann, Witze 141

Genesis 29,15–30

»Unser Erzvater Jaakov ist gewesen der glücklichste Mann der Welt.«

»Wie kommst du darauf?«

»Nu, hat er gearbeitet vierzehn Jahr für seine Frauen zwei, ich arbeite mein ganzes Leben für eine einzige!«

Genesis 32,26.32

Der Schnorrer hat vom Hausherrn keinen Pfennig erhalten. Beim Abschied wünscht er feierlich: »Möge es Euch ergehen wie den Erzvätern Abraham, Isaak und Jakob!«

Hausherr: »Ihr segnet mich trotzdem?«

Schnorrer: »Was heißt segnen? Ich habe Euch gewünscht, dass Ihr herumirrt wie Abraham, blind werdet wie Isaak und hinkt wie Jakob.«

Landmann, Witze 121

Genesis 37 und 39 bis 50 (Josef)

Über ihren Eindruck von der Lektüre des vierbändigen Romans »Joseph und seine Brüder« von Thomas Mann befragt, erklärte eine Deutschamerikanerin: »Unmittelbar nach Beenden des vierten Bandes las ich die knappen Kapitel der Geschichte im Alten Testament. Und nun bleibt mir nur noch dies zu sagen: Lieber, verehrter Herr Thomas Mann, so genau, wie Sie es beschreiben, wollten wir es gar nicht wissen.«

Köhler, Donnerwetter 88

Exodus 2,1–10

Im Religionsunterricht beginnt der Lehrer die Stunde: »Moritz, wiederhole kurz, was wir in der vergangenen Stunde über Moses Herkunft erfahren haben!«

»Mose war der Sohn einer ägyptischen Prinzessin.«

»Da hast du aber nicht aufgepasst! Die Tochter des Pharao hat den kleinen Mose doch nur gefunden – in einem Korb im Schilf.«

»Sagt sie!«

vgl. z.B. Landmann, Witze 177; Goldschneider, Kain 4

Exodus 3,8

Ein »Land, darin Milch und Honig fließt«? – Die israelische Ministerpräsidentin Golda Meir befand:

»Lassen Sie mich kurz erklären, was wir Israelis gegen Mose haben: Er schleppte uns vierzig Jahre durch die Wüste, um uns an den einzigen Ort im Mittleren Osten zu bringen, an dem es kein Öl gibt.«

Goldschneider, Kain 19

Exodus 4,10

Streiten sich ein israelischer und ein amerikanischer Jude. »Die ganze Geschichte ist doch überhaupt blöd gelaufen«, sagt der Amerikaner. »Und das alles nur, weil Mose gestottert hat. Da ruft er den Kindern Israel zu: *Los geht's! W-w-wir zie-zie-ziehen ins ge-ge-ge-gelobte Land, nach Ka-, nach Ka-ka-ka-ka …* Da wird er von seinen netten Leuten unterbrochen: *Okay, gehen wir also nach Kanaan.* Dabei wollte Mose doch *Kalifornien* sagen.«

Exodus 12ff

»Weißt du, warum Mose mit den Kindern Israel vierzig Jahre durch die Wüste gezogen ist?«

»Weil er sich geschämt hat, mit seiner Mischpoke auf der Straße zu gehen.«

z.B. Landmann, Witze 263

Unterhalten sich zwei jüdische Frauen. Fragt die eine: »Woran mag es gelegen haben, dass die Israeliten vierzig Jahren durch die Wüste gezogen sind?«

»Na, an Mose natürlich.«

»An Mose? Hast du denn gar keinen Respekt?«

»Doch, doch: Mose ist schuld. Weil er ein Mann ist.«

»Wieso das?«

»Hast du schon einmal einen Mann gesehen, der nach dem Weg fragt?«

Exodus 14

Ein getaufter Junge aus jüdischer Familie kommt vom Religionsunterricht nach Hause.

»Na, was hat euch der Pfarrer erzählt?« fragt seine Mutter.

»Also, er hat gesagt, die Hebräer, ich meine die Israelis, wollten durch das Rote Meer. Sie steigen in die Landungsboote, aber da greift die ägyptische Armee ein. Darauf rufen sie Tel-Aviv an, und Tel-Aviv schickt eine Luftlandesperre und amphibische Panzer. Dann werden die Ägypter zurückgeschlagen und die Israelis ziehen über das Meer hinüber.«

»Hat er die Geschichte so erzählt?«

»Nein, nicht ganz, aber wenn ich sie dir so wiederholen wollte, wie er sie wirklich erzählt hat, würdest du kein Wort glauben.«

Szene in der Straßenbahn: Ein junger Mann liest in der Bibel. Dabei ruft er immer wieder »Halleluja!« Er wird von einem wohlmeinenden Pfarrer, der neben ihm sitzt, gefragt, warum er ständig »Halleluja!« rufe.

»Ich habe gerade gelesen, wie Gott die Israeliten errettete. Durch das Meer hindurch. Halleluja! Ein Wunder!«

Der Pfarrer erklärt: »Das ist doch kein Wunder! Dort war eine Furt mit nur 30 cm Wassertiefe!«

Der Rufer schweigt betreten. Plötzlich legt er wieder los: »Halleluja, Halleluja!«

Verärgert wiederholt der Pfarrer: »Ich habe dir doch eben gesagt: Alles ist ganz natürlich zu erklären. Das war keine Hilfe von Gott.«

»Ja, schon okay«, meint der junge Mann, »aber ich habe weiter gelesen. Dort steht, dass Gott die Verfolger in dem Wasser ertrinken ließ. Und das bei nur 30 cm Wassertiefe! Wenn das kein Wunder ist! Halleluja!«

Ein weiterer Witz s. unter Markus 6,45–52!

Exodus 20,1–17 (Zehn Gebote)

Nach der Verabschiedung eines umfangreichen Konzilsdokuments wendet sich ein Konzilsvater an seinen Nachbarn: »Damit wäre ja nun auch bewiesen, dass die Zehn Gebote direkt von Gott kommen.« »Lieber Bruder, wieso das?« »Na, wir kriegen das ja nicht hin: zehn Sätze, bündig, verständlich und ohne Klauseln.«

vgl. z.B. Bemmann, Witz 174; ein vergleichbares Bonmot wird Charles de Gaulle in den Mund gelegt (Schwikart, Väter 60)

Der Offenbarung der Zehn Gebote am Sinai ging ein heftiges Gewitter voraus (Exodus 19,16).

Ein Freidenker in Galizien prahlte, dass er nicht einmal Gott fürchte. Als er nun einmal bei einem heftigen Gewitter am ganzen Körper zu zittern anfing, spotteten seine Freunde: »Gott fürchtest du nicht, und vor ein bisschen Blitz und Donner hast du Angst!«

»Ich fürchte nicht das Gewitter«, beteuert der Freidenker, »ich habe nur bei jedem Gewitter Angst, dass Gott uns noch zusätzliche Zehn Gebote beschert.«

nach Landmann, Neues 30

(1. Gebot) Unmittelbar nach dem Zweiten Weltkrieg reiste Karl Barth durch das zerstörte Deutschland, um nach seinen Möglichkeiten beim geistigen Wiederaufbau mitzuhelfen. Damals war er bei vielen ein gern gesehener Gast, und mancher suchte die Autorität des bekannten Rufers wider die Hitlerherrschaft für sich in Anspruch zu nehmen. Vielleicht war das auch der Grund, weshalb er im Sommer 1946 in Ostberlin von den Spitzen der SED empfangen wurde. An einem langen Tisch saßen da vor ihm Wilhelm Pieck, Otto Grotewohl, Walter Ulbricht und weitere ostdeutsche Politiker. Wie um sich dem Theologen zu empfehlen, sagte Pieck: »Herr Professor, was wir in Deutschland nötig haben, das sind die Zehn Gebote.« Darauf antwortete der Gast, ohne zu zögern: »Ja, Herr Präsident – insbesondere auch das *erste* Gebot!«

Busch, Glaubensheiterkeit 16

(7. Gebot) Mose kam vom Berg Sinai herunter und sagte zu den Kindern Israel: »Leute, hört mal alle her! Ich habe eine gute und eine schlechte Nachricht. Die gute ist: Ich konnte den Boss auf zehn Gebote herunterhandeln. Die schlechte ist: Ehebruch ist immer noch dabei.«

(8. Gebot und 7. Gebot) Ein Mann klagt dem Rabbiner, dass ihm sein Schirm gestohlen worden sei: »Ein eklatanter Verstoß gegen das achte Gebot!« Der Rabbiner rät ihm, bei der Verlesung der Zehn Gebote im nächsten Gottesdienst genau zu beobachten, wer beim Diebstahlsverbot eine verkniffene Miene macht. Eine Woche später treffen der Rabbiner und sein Gemeindeglied einander auf der Straße und der Rabbiner fragt, ob sein Rat hilfreich gewesen sei. Der Mann druckst herum und sagt schließlich: »Ihr Rat war noch schneller als erwartet erfolgreich. Als das siebte Gebot verlesen wurde, fiel mir nämlich ein, wo ich den Schirm vergessen hatte.«

(8. Gebot) Der große Spötter Georg Christoph Lichtenberg notierte sich in sein »Sudelbuch« (Schriften und Briefe 2, München/Wien 1971, 439 [Sudelbücher K 219]) eine – allerdings mäßig amüsante – biblische Scherzfrage:

Vergleichung zwischen einem Prediger und einem Schlosser.
Der erste sagt: Du sollst nicht stehlen *wollen*; und der andere: du sollst nicht stehlen *können*.

(9. Gebot) Der Pfarrer beginnt seine Predigt: »Liebe Gemeinde, ich hatte Sie am vergangenen Sonntag gebeten, zur Vorbereitung auf die heutige Predigt Matthäus 29 zu lesen. Wer ist dazu gekommen?« Als sich einige melden, fährt er fort: »Prima, das ist ein guter Einstieg. Unser Thema heute ist nämlich *Lüge*.«

Für diesen Witz benötigt man ein wenig Bibelkunde: »Matthäi am letzten« ist Kapitel 28. Zu dieser Anekdote wird auch eine Variante überliefert, in der der englische Erweckungsprediger John Wesley zu Beginn einer Predigt über die Lüge nach der vorbereitenden Lektüre von Markus 17 fragt.

Exodus 32,19

»Mose ist der schlimmste Gesetzesbrecher der Bibel!« »Gott bewahre! Mose, der Verkünder des Gesetzes?« »Aber sicher! Er brach gleichzeitig alle zehn Gebote im Affekt.«

Levitikus 25,10

Eine Jugendgruppe einer jüdischen Gemeinde steht in Philadelphia vor der Liberty Bell, *dem* amerikanischen Symbol für Unabhängigkeit und Demokratie; der Leiter weist auf die Inschrift hin: *Proclaim liberty throughout the land into all habitants thereof!*

»Diese Worte kommen euch gewiss bekannt vor, oder? Sie finden sich in der Heiligen Schrift!«

Das hört eine in der Nähe stehende christliche Amerikanerin, die empört ihrem Mann zuflüstert: »Hör sich das einer an! Was diese Juden wohl demnächst noch für sich beanspruchen!«

ähnlich, aber mit sachlichen Fehlern Landmann, Neues 146

Deuteronomium 5, 6–18 (Zehn Gebote)

S. zu Exodus 20,1–17!

Josua 6

Der Pfarrer fragt im Konfirmandenunterricht ein wenig Bibelkunde ab. »Wer hat mit einem Mordskrach die Stadt Jericho zerstört?« Marvin, der sich weder durch rege Beteiligung noch durch überragende Intelligenz auszeichnet und wieder einmal unaufmerksam ist, antwortet, als er unerwartet drangenommen wird, schuldbewusst: »Ich nicht.«

Beim Elternabend beschwert sich der Pfarrer bei Marvins Vater über dessen dumme Antwort und kriegt von diesem zu hören: »Wenn mein Junge das sagt, stimmt das auch!«

Beim nächsten Pfarrkonvent klagt der Pfarrer dem Superintendenten sein Leid mit dieser bibelkenntnisfreien Familie. Sagt der Superintendent: »Wenn der Konfirmand und der Vater das bestreiten, machen wir besser auch kein Bohei darum. Lassen Sie es reparieren und schicken Sie die Rechnung in das Kirchenkreisamt!«

Dazu die hübsche schwäbische Variante, die auch etwas vom Frust derjenigen Pfarrer wiedergibt, die sich wegen eines Lehrdeputats an der Schule mit Schülern (und Lehrern) plagen:

Der Pfarrer fragt im Religionsunterricht den kleinen Hans: »Wer hat die Mauern von Jericho zerstört?« Hans: »Weiß net, aber ih war des uff koin Fall.« Erschüttert berichtet der Pfarrer dem Klassenlehrer von dieser blöden Antwort. Klassenlehrer: »Ih kenn da Hans gut, und wenn der secht, dass er's net war, glaub ih des.« Empört geht der Pfarrer zum Rektor und erzählt von dem Vorfall. Daraufhin der Rektor: »Also, ih weiß echt net, warum Sie sich so uffrege. Do hole mer uns oifach en Koschtavoroschlag und repariern die scheissdrecks Mauer halt.«

Ruth 1,16

Der Pastor schlägt im Gespräch mit den Brautleuten als Trauspruch vor: Wo du hingehst, da will ich auch hingehen. Zu seiner Verwunderung hat die Braut Bedenken gegen diesen Vers. Nach dem Grund gefragt, sagt sie: »Ach, Herr Pastor, das klingt ja so, als ob ich dem Martin nicht traue.«

Als Kindermund-Witz und mit einem bibelkundlichen Schnitzer bei Haas, Theologe 77.

1. Samuel 9,1–5

Dem berühmten Aufklärer Moses Mendelssohn begegneten drei Studenten, die sich nicht ohne antisemitische Attitüde mit ihm einen Scherz erlauben wollten, indem sie ihn grüßten:

»Guten Tag, Vater Abraham!«

»Hoffe, wohl geruht zu haben, Vater Isaak!«

»Wohin des Wegs, Vater Jakob?«

»Kommilitonen, Sie irren«, entgegnete Mendelssohn. »Ich bin weder Abraham noch Isaak oder Jakob. Ich bin Saul, der aufgebrochen ist, um Esel zu suchen. Ich habe sie nun wohl gefunden.«

vgl. Kokschal, Buch 234

1. Samuel 24,5

Etwas breiter erzählt findet sich diese Anekdote schon in der alten Sammlung von Kurt Steinel, dort mit der Quellenangabe: »Aus dem Aufsatz eines Theologieprofessors«:

In einer Kirchengemeinde des Jeverlandes amtierte seit vielen Jahren ein Pastor, der ein überaus mäßiger Prediger war; entsprechend gering war der Gottesdienstbesuch. Dieser Pastor rächte sich an seinen so spärlich zum Gottesdienst kommenden Gemeindegliedern dadurch, dass er bei Trauerfeiern – hier war regelmäßig das gesamte Dorf versammelt – außerordentlich lange Predigten hielt. Nach einer solchen Beerdigung, bei der er über eine Stunde gepredigt hatte, fragte ihn ein Amtsbruder, der als Verwandter der Verstorbenen an der Trauerfeier teilgenommen hatte, ob die Ansprache denn nicht doch ein wenig zu lang ausgefallen wäre. Grimmig erhielt er zur Antwort: »Siehe, das ist der Tag, von dem der Herr zu dir gesagt hat: Siehe, ich will deinen Feind in deine Hände geben, dass du mit ihm tust, was dir gefällt« (1. Samuel 24,5).

1. Könige 10,22

Luthers originelle Bibelauslegung und seine Kanzelkunst animierten viele große und geringere Geister, sich auch darin zu versuchen. Als Luther gefragt wurde, wie er diese einschätze, antwortete er: »Mir geht es wie dem König Salomo; der hoffte auf Kostbarkeiten aus der Ferne und bekam Affen und Pfauen.«

vgl. Kokschal, Buch 270

1. Könige 17,1–6

Hübscher Spott findet sich in Heinrich Heines Gedicht »Rationalistische Exegese« (Werke und Briefe in zehn Bänden, Band 2, Gedichte, hg. von Hans Kaufmann, Berlin/Weimar 1972, 416f):

Nicht von Raben, nein mit Raben
Wurde Elias ernähret –
Also ohne Wunder haben
Wir die Stelle uns erkläret.

Ja, anstatt gebratner Tauben,
Gab man ihm gebratne Raben,
Wie wir deren selbst mit Glauben
Zu Berlin gespeiset haben.

1. Könige 17,1

Spricht Gott durch den Propheten Elia zum König Ahab: »Wenn du nicht ablässest von deinen Sünden, schicke ich dir eine große Dürre!«

»Schade auch«, entgegnet der frevlerische König, »eine kleine Dicke wäre mir lieber.«

Dies ein Beispiel, wie sich weniger geistreiche Lustigkeit eine Bibelstelle zurechtbiegt (vgl. sogar Landmann, Witze 70); von einer Dürre ist in 1. Kön 17,1 nicht die Rede.

1. Könige 18,41–45

S. zu Jakobus 5,16b–18!

Hiob 1,21

Einem Bauern wurden bei einem Unwetter 15 Kühe vom Blitz erschlagen. Er hadert mit seinem Schicksal, beklagt sich über das ungerechte Geschick. Wochenlang jammert der Mann. Der Pastor versucht ihn zu beruhigen: »Du hast doch bisher überwiegend Erfolg gehabt. Jetzt musst du einmal einen Verlust hinnehmen. So steht es schon bei Hiob: *Der Herr hat's gegeben, der Herr hat's genommen.*« Darauf antwortet der Bauer: »Sie haben leicht fromm reden. Ich möchte nicht hören, was der Herrgott sagen würde, wenn ihm 15 Cherubim erschlagen würden, und acht davon auch noch hoch tragend!«

nach Thoma/Howland/Jamin, Lieblingswitze 251

Hiob 16,12

»Hiob war bei einem Chiropraktiker – wusstest du das?«
»Nein.«

»Steht aber in Hiob 16: *Er hat mich beim Genick genommen und zerschmettert.*«

Hiob 25,6

»Soweit ist es also schon mit dir gekommen, du Halunke«, herrscht der Pfarrer einen kleinen Jungen an. »Du hast Süßigkeiten im Supermarkt gestohlen. Weißt du denn nicht, dass es ein höheres Wesen gibt, dem nichts verborgen bleibt, das alles sieht und weiß und vor dem auch ich nur ein elender Wurm bin?«

»Doch, ich weiß«, schluchzt der Junge, »Ihre Frau.«

vgl. z.B. Haas, Theologe 49; Steinel, Gott 19

Hiob 42,10

Vom längst verstorbenen Theologieprofessor G. wird folgende Männer-Anekdote erzählt:

Professor G. liebte es, seine Studenten mit eigenartigen Fragen zu irritieren. Nachdem sich ein Kandidat in der Prüfung wacker geschlagen hatte, fragte der humorige G.: »Sie wissen ja, dass Hiob nach dem Willen Gottes alles verlor, seinen Besitz und seine Kinder. Nur seine Frau, die sich als ziemlich unfromm erwies, blieb dem Armen erhalten. Haben Sie dafür eine Erklärung?« Der Student war um eine Antwort nicht verlegen: »Ich denke, dass Gott ihm nicht das Allerschlimmste zumuten wollte, schließlich heißt es am Ende, dass Hiob nach dem Erweis seiner duldsamen Frömmigkeit alles, was er verloren hatte, doppelt wieder erhielt.«

Dazu gibt es eine jüdische Variante (vgl. Landmann, Neues 53):

Der kleine Schloime fragt: »Rebbe, warum nahm Gott Hiob alles weg und ließ ihm nur seine Frau?« »Nun, Schloime, mit gutem Grund. Der Ewige – gelobt sei sein Name! – wollte ihm ja zuletzt alles doppelt wiedergeben. Und zwei Frauen – das wäre ja eine furchtbare Strafe.«

Psalmen

Eine besorgte Mutter kommt zum Rabbi; ihr Kind hat einen bösen Durchfall. Die Frau fragt, was sie tun könne.

»Bete *Tehillim* (Psalmen)«, rät der Rabbi.

Die Frau folgt seinem Rat und tatsächlich wird das Kind gesund. Kurz darauf kommt sie wieder zum Rabbi; das Kind leidet nun an einer schlimmen Verstopfung.

»Bete *Tehillim*«, lautet der neuerliche Rat.

Die Frau, entsetzt: »Aber *Tehillim* stopfen doch!«

vgl. Landmann, Witze 81

Psalm 10,7 (Fluchen)

Ein junger Mann versucht sein altes Motorrad anzuwerfen. Immer wieder tritt er auf den Anlasser und flucht dabei zum Gotterbarmen. Ein vorbeikommender Pastor, sein Konfirmator, ermahnt: »Jürgen, lass das Fluchen! Versuch es einmal mit einem vertrauensvollen: *Mein Gott, bitte hilf!*« Jürgen tritt mit diesen Worten auf das Pedal – und die alte Möhre springt tatsächlich an. »Ja, verdammt, leck mich am Ärmel!«, ruft der Pastor.

Dazu die bayerische Variante (vgl. Schwikart, Väter 48, der wohl Kranz, Schmunzelkatechismus 30 zitiert):

Das Moped vom Seppl springt nicht an. Er flucht: »Ja, Himmikruzitürkensakrament, Scheißglump, elendigs!« Der Pfarrer geht eben vorbei und hört den deftigen Fluch. »Sepp, nicht fluchen bitte! Sag lieber: Lieber Herrgott, hilf mir!« Seppl tut, wie ihm geheißen – die alte Maschine springt an. Da staunt der Pfarrer: »Himmikreiztürkensakrament, dass döös aso wirkt!«

Psalm 14,1

Ein im Stetl als Ungläubiger Bekannter betet in der Synagoge und weint dabei. Sein Banknachbar fragt: »Warum weinst du, wenn du doch gar nicht an Gott glaubst?« »Ach, es gibt ja nur zwei Möglichkeiten«, schluchzt der hartnäckige Atheist. »Entweder ich gehöre zu den *Toren, die in ihrem Herzen sprechen: Es ist kein Gott* und habe Unrecht und es gibt Gott – sein Name sei gelobt –; dann hat man doch allen Grund, vor ihm zu klagen und zu weinen. Oder aber ich habe Recht und es gibt Gott – sein Name sei gelobt – nicht. Dann hat man erst recht Grund zu heulen.«

Voltaire und Diderot diskutieren über die Religion. »Wenn es keinen Gott gäbe«, sagte Voltaire, »müsste man ihn erfinden.« »Was man ja dann auch tat«, erwiderte Diderot.

Köhler, Wahrheit 160

Psalm 21,7f

Bei der Zählung der Psalmen gibt es streckenweise Unterschiede zwischen katholischer und evangelischer Tradition; die einen zählen nach der lateinischen Übersetzung der Vulgata, die anderen nach dem hebräischen Urtext. Das führte vor zweihundert Jahren zu einer Kuriosität:

Nach der Schlacht bei Austerlitz wurde der Rheinbund gegründet. Um sich bei Napoleon beliebt zu machen, ordnete König Friedrich II. von Württemberg einen landesweiten Dankgottesdienst an, für den Psalm 21, Verse 7 und 8 als Predigttext vorgeschrieben wurde. Die evangelischen Pfarrer lasen dort: »Du setzest ihn zum Segen ewiglich, du erfreust ihn mit Freude vor deinem Antlitz. Denn der König hofft auf den Herrn, und wird durch die Gnade des Höchsten fest bleiben.« Der Monarch wusste nicht, dass die katholischen Pfarrer den biblisch und evangelisch als Psalm 22 gezählten Psalm unter der Nummer 21 lesen. Dort heißt es aber, wenig geeignet, um Napoleon zu schmeicheln: »Ich aber bin ein Wurm und kein Mensch, ein Spott der Leute und verachtet vom Volke. Alle, die mich sehen, verspotten mich, sperren das Maul auf und schütteln den Kopf.«

Psalm 22,7

S. zu Hiob 25,6!

Psalm 23,5

Im Jahr 1952 verlieh der englische König Karl Barth die »Medaille für den Dienst in der Sache der Freiheit«. Der damit Geehrte wurde gerade damals von vielen Seiten heftig angegriffen wegen seines Rufs nach Versöhnung im Kalten Krieg zwischen den Machtblöcken von Ost und West. Als Barth von der Auszeichnung hörte, reagierte er mit einem Aufatmen: »Aha! Psalm 23, Vers 5!«

nach Busch, Glaubensheiterkeit 22

Psalm 23,6

»Welche Namen legt die Bibel Gott bei?«, fragt der Pfarrer die fromme kleine Margret und bekommt nach kurzem Überlegen die Antwort: »Immerdar.« »Wie bitte, wo steht das denn?« »Na, Psalm 23 endet doch mit: *Ich werde bleiben im Hause des Herrn Immerdar.*«

Psalm 73,22

Der pfiffige jüdische Witz zu Genesis 28,16 kann auch mit dem *lo edah – ich wusste nichts* von Psalm 73,22 erzählt werden.

Psalm 77,2 u.a. (Erhörungsgewissheit)

Ein wichtiges Motiv in den Psalmen ist die Erhörungsgewissheit; siehe etwa Ps 77,2. Dazu passt der Scherz, den Benedikt XVI. bei seiner ersten Audienz am 25. April 2005 machte:

»Als langsam der Gang der Abstimmung mich erkennen ließ, dass sozusagen das Fallbeil auf mich herabfallen würde, war mir ganz schwindlig zumute. Eigentlich hatte ich geglaubt, mein Lebenswerk getan zu haben, und mich auf einen ruhigen Lebensabend gefreut. Ich habe in diesem Augenblick gebetet: Herr, tue mir das nicht an! … Aber der Herr hörte in dieser Situation offenbar nicht zu.«

Psalm 90,4

Tünnes trifft den lieben Gott und sagt: »Also, lieber Jott, sag eens, stimmt et denn wirklisch, dat tausend Jahre bei dir wie een Tach sin?« Gott nickt würdevoll. Da fährt Tünnes fort: »Wenn et dir so wenig auf Zeit ankommt, kannste sischer auch saagen, dat tausend Jahre bei dir nich mehr sin als saagnwirmal een Minütschen.« Wieder nickt Gott. »Wenn et so is, lieber Gott, dann kann man wohl auch saagen, dat tausend Mark für dich wie een Jroschen sin, oder?« Gott, dem schon das weitere schwant, nickt zögernd. »Ja, lieber Jott, dann gib mir eens een Jroschen!« »Gerne, lieber Tünnes, aber warte nur noch ein Minütchen!«

vgl. z.B. von Campenhausen, Theologenspieß 11;
Bemmann, Witz 310

Psalm 90,10

Ihre Glückwünsche für Papst Johannes XXIII. kleidete eine im päpstlichen Haushalt beschäftigte Nonne in die Worte: »Ich wünsche Ihnen, heiliger Vater, dass Sie hundert Jahre alt werden!« Worauf der also Angesprochene heiter-trocken antwortete: »Na, na, liebe Schwester, der Gnade Gottes sollen wir aber keine Grenze setzen.«

Amschel Rothschild, der das Stammhaus in Frankfurt weiterführte, erkrankte mit 82 Jahren schwer und fragte den Arzt, ob es – nun, da er doch die von Gott gegebene Lebensspanne von siebzig, höchstens achtzig Jahren schon hinter sich habe – zu Ende gehe. Der

Arzt beruhigte ihn: »Sie können noch hundert Jahre alt werden.« »Ach, wo«, erwiderte der Bankier, »wenn mich der liebe Gott kann haben zu 82, wird er mich doch nicht nehmen zu einhundert.«

nach Köhler, Wahrheit 106; Variante bei Landmann, Witze 219

Im Himmel beschwert sich ein Handwerker, dass er kaum fünfzigjährig sterben musste. »Aber, aber, guter Mann«, beschwichtigt ihn Petrus. »Aus Ihren Rechnungen ergeben sich so viele Arbeitsstunden, dass Sie mindestens siebzig oder gar achtzig Jahre alt sein müssen.«

Psalm 91,11f

In den Zeiten des *ius primae noctis* hatte ein jüdisches Ehepaar einmal die junge Tochter dem Grafen zu bringen. Heulend geht sie durch die Tür – und steht nach kurzer Zeit wieder draußen und heult zum Steinerweichen.

»Der Graf will mich nicht«, schluchzt sie. »Er sagt, ich rieche übel.«

»Ha, nicht du, liebe Tochter«, sagt der erleichterte Vater, »bist es, die übel riecht. Das waren deine Schutzengel, die der Herr über dir gebot, *dass sie dich behüten auf allen deinen Wegen.*«

nach Landmann, Witze 175f

Der bekannte Hermannsburger Erweckungsprediger Ludwig Harms besuchte einen Bauern, der vom Dach gefallen war. Der Seelsorger wollte Trost geben nach diesem Malheur und sagte dem bedauernswerten Mann: »Gottes Engel haben Sie wunderbar behütet.«

Der Bauer, der sich den schmerzenden Hintern hielt, antwortete: »Och, Herr Paster, dat seggen Se woll. De leiwen Engels hefft mi man bannig up'n Oas sett.«

vgl. Kranz, Schmunzelkatechismus 80

Psalm 104,18

Ein alter Lateinerscherz (vgl. Bemmann, Witz 190):

»Da sieht man wieder einmal die prophetische Kraft des Gotteswortes«, meint 1945 ein katholischer Pfarrer, dessen Lateinfähigkeiten mäßig sind. Im Brevier hatte er eben gelesen: *»Petra refugium herinaciis«*, was er übersetzte mit: »Felsen sind eine Zuflucht für die Nazis von gestern.« Allerdings gehört (anders als *heri – gestern*) die Vokabel *herinacius – der Klippdachs* nicht wirklich zum Grundwortschatz.

Psalm 104,24

Vater und Sohn machen eine Fahrt ins Grüne. Beim Spaziergang über Feldwege weist der fromme Vater auf die Herrlichkeit der Schöpfung und die Weisheit des Schöpfers hin: »Herr, wie sind deine Werke so groß und so viel! Du hast sie alle weise geordnet.« Da fliegt ein Vogel über die beiden hinweg und beschmutzt mit seinem Kot den Sommerhut des Vaters. »Oje«, sagt der Sohn, »ein Vogel hat dir auf den Hut gesch…« »Das ist überhaupt nicht schlimm«, stößt der Vater zwischen den Zähnen hervor. »Lass uns dem Herrn danken, dass er den *Kühen* keine Flügel gab.«

Dazu eine jüdische Variante:

Moischele geht auf Sommerfrische in Bayern. Geht er so spazieren und sieht auf einer Wiese eine Kuh, die da angepflockt steht und nur einen kleinen Umkreis abgrasen kann. Hebt er die Augen zum Himmel und betet: »Herr, du bist doch der Gerechte. Warum kann diese Kuh nicht frei sein und fliegen wie die Vögel dort am Himmel?« Nu, geht er so im Gebet versunken weiter, da fliegt über ihm ein kleines Vöglein und lässt etwas fallen, und – platsch! – landet dieses knapp neben Moischele auf den Weg. Schaut der wieder gegen Himmel: »Verzeih, Herr, du bist nicht nur gerecht, du hast auch doch alles weise geordnet.«

Psalm 104, 29

S. zu Kohelet 3,20!

Psalm 119

Bis in die siebziger Jahre des zwanzigsten Jahrhunderts hinein wurde vom »Milchfahrer« mit Kreide die am Vortag abgelieferte Milchmenge auf die an der Straße stehenden Milchkannen der Bauern geschrieben. Ein frommer Landwirt aus dem Bentheimischen pflegte als Dank gegen seinen Schöpfer jeweils den Psalm zu lesen, dessen Nummer sich als Literangabe auf der Milchkanne fand. Da waren immer so schöne Psalmen wie Psalm 98 oder Psalm 103 aufzuschlagen. Der Mann staunte nicht schlecht, als seine Kühe plötzlich mehr Milch gaben; jedenfalls fand sich nun immer wieder die Angabe 119 auf den Kannen. Die Freude über das außergewöhnlich gute Milchergebnis wurde ein wenig getrübt dadurch, dass es sich bekanntlich bei Psalm 119 um den mit Abstand längsten Psalm handelt. Beim fünften Mal in Folge wurde der sonst Arglose misstrauisch – und ertappte prompt zwei Konfirmanden aus der Nachbarschaft, die ihre neu erworbene Bibelkenntnis für einen Streich nutzten.

Psalm 119,103

Oft und mit wechselndem Personal (etwa mit einem Jesuiten und einem Benediktiner bei von Campenhausen, Theologenspieß 36) wird dieser Witz über religiöse Regeln erzählt; hier eine jüdische Variante:

Zwei Tamudstudenten diskutieren, ob sie während der Lektüre des Tanach (des Alten Testaments) rauchen dürfen. Da sie sich nicht einigen können, geht der eine zum Rabbi: »Rebbe, darf man beim Tanachlernen rauchen?« »Aber nein! Heißt es doch in Psalm 119, dass *Gottes Wort in unserem Mund süßer ist als Honig*. Wie kann dazu der Tabak schmecken?« Als der Student das seinem Freund berichtete, sagt dieser: »Du hast nicht richtig gefragt! Ich werde zum Rabbi gehen.« Er fragt: »Rebbe, darf man beim Rauchen eigentlich Tanach lesen?« »Aber sicher! Heißt es doch in Psalm 119: *Wie wird ein junger Mann seinen Weg unsträflich gehen? Wenn er sich hält an deine Worte.*«

Psalm 137,1

Goldblum zu seinem Weinhändler: »Kennst du den Unterschied zwischen den Juden in Babylon und dir?«

»Nu?«

»Im Exil sang man *An den Wassern zu Babel saßen wir und weinten* – und du sitzt beim Wein und wässerst!«

vgl. Landmann, Neues 94

Psalm 139,9f

Eine Anekdote, die Georg Christoph Lichtenberg in sein *Sudelbuch* notierte (Schriften und Briefe 1, München 1968, 810f. [Sudelbücher J 1124]); mit etwas veränderten Details findet sie sich später auch bei Kranz, Schmunzelkatechismus 11f.:

Man erzählt von Chateauneuf dem Siegelbewahrer während der unruhigen Minorennität Ludwig XIII., daß als ein Bischof, dem er in seinem 9ten Jahre vorgestellt wurde, zu ihm sagte: Siehe mein Sohn, wenn du mir sagst, wo der liebe Gott ist, so will ich dir eine Apfelsine schenken, so habe er geantwortet, und ich will ihnen zwei schenken, wenn Sie mir sagen wo er *nicht* ist.

Psalm 139,3

Die Kinder einer katholischen Schule stehen zum Mittagessen in der Mensa Schlange. Am Kopf des Tisches ist ein Berg Äpfel aufgehäuft. Die für die Essensausgabe zuständige Nonne legt einen Zettel auf das Tablett: »Nehmt jeder nur einen! Gott beobachtet euch: *Du siehst alle meine Wege* (Psalm 139,3).« Etwas weiter in der Schlange, am anderen Ende des Ausgabetresens, liegen Schokoladenkekse. Hier hat eines der Kinder eine Notiz angebracht: »Nehmt so viel ihr wollt! Gott beobachtet die Äpfel.«

Das hat man davon, wenn man ein so schönes Bibelwort missbraucht!

Psalm 139,15

Drei Theologen diskutieren im Zusammenhang des Themas Abtreibung über die Frage, wann genau menschliches Leben beginnt.

Der katholische Geistliche ist felsenfest überzeugt: »Das ist klar! Auch die moderne Naturwissenschaft gibt Thomas von Aquin recht: Das Leben beginnt im Augenblick der Zeugung.«

Da gibt sich der evangelische Pastor biblischer: »Bedenken wir die Aussage in Psalm 139, wonach Gott schon an mich denkt, *als ich im Verborgenen gemacht wurde, als ich gebildet wurde unten in der Erde,* dann sollten wir gut biblisch etwas großzügiger denken: Das Leben beginnt irgendwann während der Schwangerschaft.«

Da meint der Rabbiner: »Ich habe es selbst erfahren: Das Leben beginnt, wenn die Kinder aus dem Haus sind und die alte Töle tot ist.«

Psalm 145,15

Ein Missionar ist allein unterwegs durch die Savanne. Da wird er plötzlich von drei sichtlich hungrigen Löwen umstellt. Voller Angst wirft er sich zu Boden und betet: »Herr, Schöpfer all dessen, was lebt, lass diese Tiere fromm sein!« Das Fauchen der gewaltigen Raubkatzen wird ruhiger, der Missionar wagt einen Blick und sieht, wie sich die Tiere auf's Hinterteil setzen, die Vorderpfoten zusammenlegen und sprechen: *»Aller Augen warten auf dich, Herr, und du gibest ihnen ihre Speise zur rechten Zeit.«*

Sprüche 3,12

S. zu Hebräer 12,6!

Sprüche 19,17

Der irische Schriftsteller Jonathan Swift war katholischer Dechant. Aufgefordert, eine kurze, aber eindrückliche Predigt zur Förderung einer diakonischen Einrichtung zu halten, trat er auf die Kanzel und sagte:

»Liebe Gemeinde! Sprüche 19, Vers 17: *Wer sich des Armen erbarmt, der leiht dem Herrn, und der wird ihm vergelten, was er Gutes getan hat.* – Die Bürgschaft ist verlässlich. Also her mit eurem Geld! Amen.«

vgl. Kranz, Schmunzelkatechismus 16f

Kohelet 3,20 (vgl. 12,7)

Dass der Mensch aus Staub gemacht ist und wieder zu Staub wird, hat Fritzchen eben im Religionsunterricht nicht ohne Erschütterung gelernt. Aufgeregt rennt er zur Mutter: »Mama, schau doch im Schlafzimmer unter euer Bett! Da wird wohl bald ein Mensch gemacht!«

»Aber Fritzchen!«

»Entschuldige bitte! Aber dann ist da wohl jemand gestorben.«

Ezechiel 36,25

Auf seinen Wanderungen kam Hersch Ostropoler, ein jüdischer Schalk des 18. Jahrhunderts, an einem Freitagnachmittag zu einem Dorfjuden, einem großen Knicker. Dieser lud Hersch gleichwohl ein, den Sabbat bei ihm zu bleiben. Bei der Abendmahlzeit brachte die Hausfrau eine große Schüssel Suppe und stellte sie vor ihren Mann. Der nahm sich davon und sprach dazu das Talmudwort: »Jeder ist sich selbst der Nächste.« Er schüttete seiner Frau ihren Teil in den Teller und sprach das Mosewort (Genesis 2,24): »Mann und Frau sind ein Leib.« Nun teilte er von der Suppe auch seinen Kindern zu und murmelte den Psalm (Psalm 103,13): »Ein Vater hat Erbarmen mit seinen Kindern.« Schließlich gab er Hersch den schalen Rest der Suppe, ohne ein Wort zu sprechen. Als Hersch die Suppe gekostet hatte, die wie bloßes Wasser war, fragte er: »Und für mich habt Ihr keinen Vers in der Heiligen Schrift gefunden?« Nahm die Suppe, schüttete sie dem Hausherrn über den Kopf – und sprach mit Ezechiel: »Ich werde Euch mit reinem Wasser besprengen.«

Köhler, Wahrheit 113f

Schön ist die folgende Musiker-Anekdote (Köhler, Wahrheit 53); blöd nur, dass es die zitierte Bibelstelle (so) nicht gibt (am ehesten Hosea 3,5; die Wendung »zittern und zagen« findet sich in Markus 14,33).

In jungen Jahren nahm Reger an einem Universitätskurs für Instrumentenkunde teil. Einmal fragte er den Professor, was eigentlich »Zagen« seien. Der Gefragte beschrieb das Instrument als eine Art Lyra, doch besonders breit und mit mehreren Saiten bespannt. Er zeichnete die Zage auf Wunsch Regers auch noch in rascher Skizze auf. Da bedankte sich Reger und sagte: »Jetzt kann ich's mir doch endlich richtig vorstellen, was in der Bibel steht: ›Die Israeliten kamen mit Zittern und Zagen‹.«

Jona 1,4–16

Ein Passagierschiff ist vor Neufundland havariert und beginnt zu kentern. Der Kapitän fragt verzweifelt die am Bug versammelten Passagiere: »Ist jemand unter uns, der wirklich inbrünstig beten kann?«

»Ja, ich«, ruft ein Puritaner.

»Wunderbar, wir haben nämlich einen Rettungsring zu wenig.«

Jona 2

Bischof Carpenter wurde bei einer Versammlung von einem Skeptiker gefragt, ob er die Geschichte von Jona im Walfisch für wahr halte. »Wenn ich in den Himmel komme, werde ich ihn fragen«, antwortete der Bischof. »Und wenn Jona nicht im Himmel ist, sondern …«, provoziert der Spötter. Und bekommt zur Antwort: »Dann können Sie ihn fragen.«

Besser erzählt es sich auf Englisch:

There was a religious woman who had to do a lot of traveling for her business. Flying made her very nervous, so she always took her Bible along with her. One time, she was sitting next to a man. When he saw her pull out her Bible, he gave a little chuckle and smirk and went back to what he was doing. After a while, he turned to her and asked, »You don't really believe all that stuff in there, do you?« The woman replied, »Of course I do. It is the Bible.« He said, »Well, what about that guy that was swallowed by that whale?« She replied, »Oh, Jonah. Yes, I believe that, it is in the Bible.« He asked, »Well, how do you suppose he survived all that time inside the whale?« The woman said, »Well, I don't really know. I guess when I get to heaven, I will ask him.« »What if he isn't in heaven, but in hell?« the man asked sarcastically. »Then *you* can ask him,« replied the woman.

Tobias 6,3

Im Religionsunterricht gähnt Peter ungeniert. Der Lehrer ärgert sich über diese Demonstration der Langeweile und des Desinteresses und bringt zum hundertsten Mal einen müden biblischen Witz an: »Tobias 6,3: O Herr, er will mich fressen!«

Peter war darauf vorbereitet und erwidert: »Apostelgeschichte 10,14: Herr, ich habe noch nie etwas Unreines gegessen.«

Evangelien

Zwei Pfarrer unterhalten sich über ihren Konfirmandenunterricht. »Es wird immer schlimmer mit den Konfirmanden; von ihren Eltern erfahren sie gar nichts mehr. Da habe ich doch gestern nach den vier Evangelisten gefragt und ein Junge antwortete: Petrus und Paulus. Ist das nicht furchtbar?« Meint der Kollege: »So schlimm ist das doch auch wieder nicht. Immerhin wusste er die Hälfte.«

Jesus

Was war Jesus von Beruf?

Student. Er wohnte ja mit dreißig Jahren noch bei der Mutter, hatte lange Haare und wenn er etwas tat, dann war es ein Wunder!

Italienische Neutestamentler haben herausgefunden, dass Jesus ein Landsmann von ihnen gewesen ist. Dafür sprechen drei Indizien:

1. Nur ein italienischer junger Mann wohnt bis zu seinem dreißigsten Geburtstag bei seiner Mutter Maria.
2. Nur eine italienische Mama hält ihren Sohn für Gott.
3. Nur ein italienischer Sohn glaubt, dass seine Mama eine Jungfrau ist.

vgl. van der Felde, Wasser 71

Jungfrauengeburt (Matthäus 1,18f)

Ein evangelischer Pfarrer fragt einen Rabbiner, warum in jüdischen Familien die Töchter so jung heiraten. »Nun, ich will es Ihnen verraten«, antwortet der Rabbiner. »Vor langer Zeit lebte in Galiläa eine Jüdin namens Maria. Und weil man sie nicht rechtzeitig verheiratet hatte, geriet sie in eine peinliche Lage.«

Und dann war da noch jener Pfarrer, der mit dem Einstieg seiner Weihnachtspredigt doch wohl des Guten zu viel tat: »Liebe Gemeinde! Weihnachten ist die Zeit der Nüsse. Wir alle haben Teller voll Süßigkeiten und Nüsse unter dem Weihnachtsbaum. Da gibt es Nüsse verschiedener Form und Härte: Erdnuss und Haselnuss und Kokosnuss – aber die härteste Nuss ist die Jungfrauengeburt.«

vgl. z.B. Bemmann, Witz 70; Röhrich, Witz 198

Matthäus 5,3

Im Religionsunterricht – es muss in den fünfziger oder sechziger Jahren gewesen sein – sollen die Seligpreisungen auswendig gelernt werden. Reihum soll eine

Seligpreisung aufgesagt werden; es geht schon mit einem Schnitzer los, als Michael sagt: »Selig sind die armen Geistlichen, denn ihrer ist das Himmelreich.«

vgl. schon Steinel, Gott 13

»Selig sind die geistlich Armen, denn ihrer ist das Himmelreich – mein Gott, wenn dieser Satz zutrifft, dann leben wir ja bereits im Paradies!«

Millor Fernandez; zit. nach Schwikart, Väter 39

Matthäus 5,24

Vor der Kirche treffen sich zwei einander in verbissener Abneigung verbundene Siegerländer Pietisten. Da erinnert sich der eine der Mahnung Jesu, sich vor dem Gottesdienst mit seinem Feind zu versöhnen. Er überwindet sich, geht auf den anderen zu und sagt: »Ach, komm, Herrmann, lass gut sein! Ich wünsche dir alles, was du mir auch wünschst!« Darauf der Angesprochene grimmig: »Fängst du Schurke schon wieder an?«

Eine jüdische Variante dazu z. B. bei Goldschneider, Kain 25.

Matthäus 5,39

Ein Fernfahrer isst in einer Autobahnraststätte. Da kommen sechs Rocker und setzen sich an seinen Tisch. Sie versuchen ihn zu provozieren, aber der Brummi-Fahrer, der keinen Ärger will, reagiert überhaupt nicht. Da nimmt einer der schweren Jungs das Bier des LKW-Fahrers und schüttet es ihm auf das Hemd. Doch der Mann isst weiter, als sei nichts geschehen. Nun nimmt ein anderer Rocker den Teller und drückt dem armen Mann Schnitzel und Pommes ins Gesicht. Da steht der Fahrer seelenruhig auf und verlässt das

Restaurant. »So ein Blödmann!«, sagt einer der Übeltäter zum Mann am Nachbartisch. »Da machen wir mit dem, was wir wollen, und der wehrt sich nicht einmal. Wohl so ein Jesus-Idiot von wegen *dem halte auch die andere Wange hin*. Ha!« »Da haben Sie völlig Recht, mein Herr«, antwortet ein Mann am Nebentisch. »Wirklich ein Idiot. Lastwagen fahren kann er auch nicht. Da fährt er doch wahrlich eben sechs schwere Yamahas zu Schrott.«

S. auch zu Matthäus 7,2!

Matthäus 5,44

Ein Junge verhaut einen anderen. Der Pfarrer geht dazwischen und fragt den Bösewicht belehrend: »Hast du denn noch nie davon gehört, dass man seine Feinde lieben soll?« »Doch, schon. Aber der Rudi ist ja mein bester Freund.«

Der größte Feind des Menschen wohl,
das ist und bleibt der Alkohol.
Doch in der Bibel steht geschrieben:
Du sollst auch deine Feinde lieben.

Kokschal, Buch 133

Matthäus 6,2

Während des zweiten Vatikanischen Konzils geht ein Kardinal nach einer Sitzung zu seiner deutschen Limousine – und staunt nicht schlecht, als er eine Anspielung auf die lateinische Fassung von Mt 6,2 (»Sie haben ihren Lohn schon empfangen.«) in Kreide auf der Motorhaube liest: »*Accepit iam mercedem suam!*«

vgl. Bemmann, Witz 173

Matthäus 6,3

Der Kirchenchor einer pietistischen Gemeinde auf der Schwäbischen Alb sucht einen neuen Chorleiter. Ein Bewerber macht es mit seinem hektischen Dirigat den Sängern nicht leicht. Nach der Vorstellung berät der Vorstand über den Bewerber; nach einigen ablehnenden Voten wird der schweigsame Gänssler-Ferdinand nach seiner Bewertung gefragt: »No, er dünkt mi ei recht schriftgemäßer Dirigent zu sei.« Erstaunen bei den Anderen. »Nicht wahr, die linke Hand woiß net, was die rechte tuet.«

Hierzu wird eine Variante überliefert, in der aufgrund der Klavierkünste eines Mädchens auf eine fromme Klavierlehrerin geschlossen wird (Bemmann, Witz 267).

Matthäus 6,10

Henry Ford in einer Privataudienz beim Papst: »Heiliger Vater, könnten Sie das *Pater noster* nicht so ändern, dass da irgendwo das Wörtchen *Ford* vorkommt?« Der Papst ist entrüstet: »Wo denken Sie hin?« »Oh, Heiliger Vater, nur ganz unauffällig. Sie können sich denken, ich bin da nicht knauserig.« »Nein, das ist ein Ding der Unmöglichkeit!« »Ich biete Ihnen 10 Millionen Dollar!« Der Papst wird traurig: »Sie betrüben mich, mein Sohn.« »Dann«, sagt Ford, »sagen Sie mir wenigstens, was FIAT für das *fiat voluntas tua* bezahlt hat.«

Dieser Witz (vgl. auch die Variante bei Kranz, Schmunzelkatechismus 66f) wird auch zu Genesis 1,3 (*fiat lux*) erzählt.

Matthäus 6,11

Lobby-Arbeit in den frühen fünfziger Jahren: Ein Wirtschaftsverband hatte Politiker eingeladen und ein für die damaligen kargen Zeiten reichliches Büfett auffahren lassen. Einem SPD-Bundestagsabgeordneten raunte Franz Josef Strauß zu: »Nun, Herr Kollege, Sie beten jetzt wohl: *Unser heutiges Brot gib uns täglich!*«

vgl. Kokschal, Buch 289

Matthäus 6,13

Und dann war da noch jener polnische Priester, der für seine mangelnde häusliche Ordnung bekannt war und zur Gaudi seiner Gemeinde betete: »… und erlese uns von dem Besen!«

Matthäus 7,2

Ein Mann kommt zum Pastor und beschwert sich: »Was erzählen Sie meinem Sohn im Konfirmandenunterricht: *Wenn dich jemand auf deine rechte Backe schlägst, dem biete die andere auch dar!* Sie haben sie wohl nicht alle!«

»Na, hören Sie mal«, rechtfertigt sich der Pastor, »ich sage nur, was der Herr uns in der Bergpredigt gebietet.«

Da gibt ihm der Konfirmandenvater eine kräftige Ohrfeige und gleich darauf noch eine. Den Pastor konnte er noch nie recht leiden. Er staunt nicht schlecht, als er von diesem zwei Ohrfeigen zurückbekommt – mit den Worten: »Jesus sagt auch: *Nach welchem Maß ihr richtet, werdet ihr gerichtet werden.*«

Ein Presbyter hatte die Szene gesehen, eilt herbei und fragt erbost nach diesem ungebührlichen Benehmen. Der Pastor antwortet: »Wir legen nur die Heilige Schrift aus.«

Eine ältere Variante bei von Campenhausen, Theologenspieß 39; als Streit zwischen Küster und Pfarrer bei Haas, Theologe 49.

Matthäus 7,6

Die Vorlesung wird vom Schrillen des Pausenzeichens unterbrochen. Ohne auf den weiter vortragenden Professor zu achten, packen die Studierenden ihre Siebensachen. »Einen Augenblick bitte«, ruft der, »ich möchte noch einige Perlen werfen.«

vgl. Kokschal, Buch 235

Matthäus 7,7f

Der neue Pfarrer fragt die altgediente Pfarramtssekretärin: »Nach welchem System ist Ihre Ablage organisiert?« »Nach dem biblischen System, Herr Pastor.« »Wie bitte?« »Ja, der Herr sagt doch: *Suchet, so werdet ihr finden!*«

Matthäus 11,3/Lukas 7,19

Der pastorale Super-GAU: Ein Pfarrer verschläft und kommt nicht zum Gottesdienst. Sein Küster weckt den säumigen Prediger per Telefon mit folgendem Bibelwort: *»Bist du es, der da kommen soll, oder sollen wir auf einen anderen warten?«*

z.B. Bemmann, Witz 270

Matthäus 12,11

Auf dem Weg vom Gottesdienst nach Hause gerät der Pfarrer mit seinem Auto von der Straße ab. Ein Bauer kommt an die Unfallstelle und zieht mit seinem Traktor den PKW aus dem Graben.

»Jetzt habe ich aber den Sonntag entheiligt«, schmunzelt der Bauer. Der Pfarrer nimmt das ernst und will ihn beruhigen: »Nein, nein, der Herr Jesus erlaubt, dass man einem Schaf, das am Sabbat in eine Grube fällt, heraushelfen darf.«

»Ach ja, das habe ich übersehen, dass Sie im Auto saßen.«

Matthäus 14,13–21

Ein Pfarrer verhaspelt sich in der Predigt und sagt: »Jesus speiste fünf Menschen mit fünftausend Broten und zweitausend Fischen.« Nach dem Gottesdienst wird er von seiner Küsterin auf den Lapsus hingewiesen und korrigiert diesen am nächsten Sonntag: »Jesus speiste natürlich fünftausend Menschen mit fünf Broten und zwei Fischen. – So herum ist es richtig. Ein großes Wunder!« Da kommentiert ein alter knorriger Presbyter: »Was Wunder! Mit dem Rest von vergangener Woche hätte ich das auch geschafft.«

Matthäus 14,22–33

Ein Baptistenpastor, ein Stadtmissionar und ein charismatischer Prediger gehen gemeinsam angeln. Mit einem Ruderboot fahren sie auf einen See und werfen ihre Angeln aus. Nach einer Weile bekommt der Charismatiker Durst. Er steigt aus dem Boot, geht über das Wasser an Land, holt Getränke und kommt zurück.

Einige Zeit später bekommen die Angler erneut Durst. Der Baptist steigt aus dem Boot, geht an Land und kommt mit Getränken zurück. Als einige Stunden vergangen waren, wurde es Zeit für eine erneute Getränkepause. Der Stadtmissionar fühlt sich zuständig. Er steigt aus dem Boot und geht unter.

Daraufhin fragt der Baptist den Charismatiker: »Hast du ihm nicht gesagt, wo im Wasser die großen Steine liegen?«

Erstaunt erkundigt sich der Charismatiker: »Welche Steine?«

Zu diesem oft und in wechselnder Besetzung erzählten Witz gibt es einen unter Theologen der 1950er und 1960er Jahren beliebten Vorläufer, in dem Paul Tillich, Rudolf Bultmann und Karl Barth die Witzfiguren sind. Wie sieht da wohl die Anordnung aus?

Ein weiterer Witz zum »Seewandel« unter Markus 6,45–52.

Matthäus 14,27

Papst Leo XIII. hatte einem Maler lange Porträt gesessen. Als das Bild endlich fertig war, bat der Maler den Papst darum, das Bild mit seinem Autogramm zu versehen. Leo XIII. zögerte zunächst, weil das Bild ihm nicht gelungen erschien. Um den armen Maler aber nicht zu enttäuschen, griff er dann doch nach einem Stift und schrieb unten auf das Bild: *Matthäus 14,27, Leo XIII.* Dankbar eilte der Maler nach Hause, schlug die Bibel auf und las: *Seid getrost, ich bin es! Fürchtet euch nicht!*

vgl. ausführlicher bei Haas, Theologe 14f

Matthäus 16,16 (Kirche)

Napoleon sagte 1801 zum Kurienkardinal Consalvi: »Ihnen, Exzellenz, ist doch wohl klar, dass ich im Stande bin, die Kirche zu vernichten.« Gelassen gab der so Bedrohte zurück: »Majestät, nicht einmal wir Priester haben das in achtzehn Jahrhunderten fertig gebracht.«

vgl. Zander, Religion 148

Matthäus 17,20; 21,21

S. unter 1. Korinther 13,2!

Matthäus 18,26

Im Jahr 1871 stellte man bei einer großen amerikanischen Bank fest, dass ein Angestellter sein Konto überzogen hatte. Man mahnte ihn mit einem entsprechenden förmlichen Schreiben. Daraufhin sandte der Bankangestellte folgendes Telegramm: »Sehen Sie nach bei Matthäus 18,26.« Dort las der Bankvorstand: *Aber der Schuldner warf sich vor ihm nieder und bat: »Hab doch Geduld mit mir! Ich will dir ja alles zurückzahlen.«* Worauf sofort als Erwiderung zurück telegrafiert wurde: »Sehen Sie nach bei Matthäus 5,25–26.« Der Angestellte las: *Vertrage dich mit deinem Gegner sogleich, solange du noch mit ihm auf dem Weg bis, damit dich der Gegner nicht dem Richter überantworte und der Richter dem Gerichtsdiener und du ins Gefängnis geworfen werdest. Wahrlich, ich sage dir: Du wirst nicht von dort herauskommen, bis du auch den letzten Pfennig bezahlt hast.*

Matthäus 25,1–13 (Braut Christi)

Ein alter Jude begibt sich zu einer Operation in ein katholisches Krankenhaus. Auf die Frage der Schwester in der Aufnahme, wer denn für die Behandlung aufkomme, antwortet der Alte: »Ich habe nur eine Schwester, eine alte Jungfer. Sie ist – Gott (sein Name sei geheiligt) sei es geklagt – zum Katholizismus übergetreten und Nonne geworden.« »Ich bitte Sie«, antwortet die Ordensschwester streng, »dann sollten Sie doch auch wohl wissen, dass wir keine alten Jungfern sind, sondern verheiratet mit unserem Herrn Jesus Christus.« »Meinetwegen«, brummt der alte Mann, »dann schicken Sie die Rechnung an meinen Schwager, verehrteste Schwippschwägerin.«

Ein viel und variantenreich erzählter Witz (vgl. z.B. Bemmann, Witz 132; Röhrich, Witz 200). Auch hierzu gibt es eine jüdische Version (nach Landmann, Neues 153):

Grünbaums Schwester hat sich taufen lassen und ist Nonne geworden. Als sie stirbt, meint die Äbtissin, ihr Bruder solle sich an den Beerdigungskosten beteiligen. Grünbaum denkt lange nach und sagt dann zur Äbtissin: »Als Nonne war meine Schwester doch die Braut des Herrn, nicht wahr? Nu, soll er, mein lieber Herr Schwager, auch bezahlen für sie!«

Matthäus 25,1–13

Eine Pastorenkonferenz besucht den Magdeburger Dom; die Herren möchten dabei auch einen Blick in das berühmte *Paradies* werfen, einen mittelalterlichen Raum, in dem Trauungen vorgenommen wurden. Zum reichen Schmuck des Paradieses gehören Statuen der fünf törichten und fünf klugen Jungfrauen. Die

Pastoren haben allerdings Pech; das Paradies ist verschlossen. An der Tür ist auf einem Zettel zu lesen: »Wegen Restauration der Jungfrauen ist der Zugang zum Paradies nur eingeschränkt möglich.« Die erheiterten Pastoren hatten dafür Verständnis.

Matthäus 25,40

Ein um seines Glaubens willen verfolgter Mann bat Martin Luther um Hilfe. Luther hatte indes nur einen einzigen »Joachimstaler« bei sich, für den er hatte sparen müssen. Luther dachte nach und entsann sich des Jesus-Worts: *»Was ihr getan habt einem von diesen meinen geringsten Brüdern, das habt ihr mir getan.«* Da rief Luther: »Joachim, komm heraus, der Heiland ist da!«

Matthäus 26,31–35.69–75 parr.

Tünnes und Schäl streiten, ob sie in den Himmel kommen. »Ja, sischer dat!«, sagt Tünnes, »da musste janz pfiffig vorjehn.« Als es dann soweit ist und Tünnes an der Himmelspforte ankommt, öffnet ihm Petrus selbst – und weist ihn ab. »Momentchen mal«, sagt Tünnes und zieht einen Hahn unterm Mantel hervor. Petrus: »Ach, lass doch die alte Geschichte, halt den Schnabel und komm rein!«

z.B. Bemmann, Witz 306f

Matthäus 27 (Pilatus)

Wie manche dunkle Gestalt der Geschichte mit befreiendem Humor zur Witzfigur degradiert wird, ergeht es auch Pontius Pilatus. Seit Jahrzehnten wird folgender Kindermund-Witz erzählt (z.B. schon bei Steinel, Gott 12):

Im Religionsunterricht wird bei der Behandlung des zweiten Artikels des Glaubensartikels gefragt: »Wer ist denn nun Pontius Pilatus?« Ein Schüler meint treuherzig: »Pontius Pilatus, das ist wohl eine Krankheit.« Auf die verwunderte Gegenfrage, wie er darauf komme, antwortet er: »Na, es heißt doch: gelitten unter Pontius Pilatus.«

Ein schwäbisches Kloster wird renoviert. Die Äbtissin beauftragt eine Nonne, den Arbeitern ein paar belegte Brote zu bringen, sie aber vorher auf ihren Glauben zu testen. Die Nonne fragt einen Maler: »Kennen Sie Pontius Pilatus?« – »Ha no, abba I frog ma moin Kollega, der wo weida hinde schafft!« Er dreht sich um und ruft: »Du Karle, kennscht du an Pontius Pilatus?« – »Noi, warum?« – »Do unde stoht sei Alde ond will em es Veschper bringa!«

»Wir können alles – außer Hochdeutsch!« – Vgl. zu diesem Mundartwitz die weniger lustige hochdeutsche Fassung bei Bemmann, Witz 139.

Matthäus 27,5

S. zu Johannes 13,27!

Matthäus 27,31–50 parr. (Kreuzigung)

Der Pfarrer sagt Marvins Vater: »Leider können wir Ihren Sohn nicht konfirmieren.« »Waaas?« »Ja, Marvin weiß wirklich gar nichts. Als ich ihn fragte, wie Jesus gestorben ist, konnte er nicht antworten.« »Wie, der Jesus ist gestorben?«, zeigt sich der Vater überrascht, »na, das müssen Sie dem Jungen durchgehen lassen, wir lesen keine Tageszeitung.«

Matthäus 28,1–8 parr. (Auferstehung)

Ein Jesuit, der als Archäologe arbeitet, berichtet seinem Ordensgeneral in heller Aufregung von seiner Grabungskampagne in Jerusalem; er habe das Grab Jesu gefunden. »Das ist ja großartig«, lobt der General. Der Archäologe erwidert bedrückt: »Naja, aber das Grab war nicht leer. Wir haben Jesu Skelett darin gefunden.« Kurzes betretenes Schweigen, dann die erleichterte Reaktion: »Wunderbar, dann hat er also tatsächlich gelebt!«

Matthäus 28,19 (Trinitätslehre)

Mein Vorvorgänger verbürgt sich dafür, dass in einem südniedersächsischen Dorf folgendes Malheur passiert sei:

Während des Taufaktes spricht der Pastor die Formel: »… taufe dich auf den Namen des Vaters …«, als er jäh unterbrochen wird: »Nein, nein! Der Junge soll doch wie sein Großvater heißen!«

The Trinity were planning a holiday. The Spirit, manifesting the creative part of the divine nature, was coming up with the ideas. »Let's go to New York,« he suggested.

»No, no, no,« said the Father, »They're all so liberated, they'll spend the whole time calling me *Mother* and it will just do my head in.«

So the Spirit sat back and thought. »I know, what about Jerusalem?« he said. »It's beautiful and then there's the history and everything.«

»No way!« the Son declared. »After what happened the last time, I'm never going there again!«

At this point, the Spirit got annoyed and went off in a huff. Sometime later he returned and found that the

Father and Son had a idea they both thought was excellent: »Why don't we go to Rome?« said the Son. »Perfect!« cried the Holy Spirit. »I've never been there before!«

Oder, in deutscher Variante:

Vater, Sohn und Heiliger Geist unterhalten sich, wohin sie dieses Jahr in Urlaub fahren. Gott Vater sagt: »Vielleicht verwirrt euch beiden das ein bisschen, aber ich würde dieses Jahr gerne nach Mekka fahren. Da werde ich noch allein verehrt.« Christus meint: »Ach nee, ich möchte lieber wieder nach Jerusalem, auch wenn ich nicht nur gute Erinnerungen an diese Stadt habe.« Der Heilige Geist hat einen dritten Vorschlag: »Wisst Ihr was? Lasst uns nach Rom fahren. Da war ich noch nie.«

Dass die Trinitätslehre gefährlich ist, dokumentiert die alte Anekdote um Kardinal Richelieu (Köhler, Wahrheit 84):

Kardinal Richelieu sagte einmal, dass schon fünf geschriebene Wörter, egal welche, ein Grund zur Verhaftung seien. Einer der Anwesenden schrieb daraufhin einen Zettel: »Eins und zwei ist drei.« Darauf rief Richelieu: »Dies ist eine Verhöhnung der Heiligen Dreifaltigkeit. Drei ist nur eins. Marsch in die Bastille!«

Markus 1,9 parr.

Teitelbaums Sohn konvertiert und lässt sich taufen. Der Rabbi macht dem alten Teitelbaum deswegen Vorhaltungen: »Was wirst du dem Allmächtigen – gelobt sei sein Name! – antworten, wenn er dich einst fragen wird, wie du das zulassen konntest?« »Nu«, sagt der Alte bedächtig, »dann werd' ich sagen: Und Ihr Herr Sohn?«

Weizenbaum wendet sich an seinen Rabbi: »Oioioi, hab ich gehabt einen Sohn, einen schönen Sohn, einen guten Sohn, einen frommen Sohn, und hab ich gemacht für ihn ein schönes Testament – und nu hat sich taufen lassen mein Sohn, oioioi!« »Das habe ich auch erlebt«, antwortet der Rabbi. »Hab ich gehabt einen Sohn, einen schönen Sohn, einen guten Sohn, einen frommen Sohn, und hab ich gemacht für ihn ein schönes Testament – und dann hat sich taufen lassen mein Sohn.« »Rabbi, was haben Sie gemacht?« »Hab ich mich gewandt an den Allmächtigen – gelobt sei sein Name! – und gefragt nach Rat. Und der Herr – gelobt sei sein Name! – sagte: Ach, Rabbi, hab ich auch erlebt. Hab ich gehabt einen Sohn, einen schönen Sohn, einen guten Sohn, einen frommen Sohn, und hab ich auch gemacht ein schönes Testament für ihn – und dann hat sich taufen lassen mein Sohn. Heiliger, fragte ich, was hast du gemacht? Nu, sagte er, was sollte ich tun? Hab ich gemacht ein Neues Testament.«

vgl. z.B. Röhrich, Witz 283; von Campenhausen, Theologenspieß 94f

Markus 1,16–20 parr. (Jüngerberufung, Kirche)

Johannes Paul II. bittet, gerade verstorben, an der Himmelspforte um Einlass. Petrus erkennt ihn nicht, weiß nichts von einer *cathedra Petri* in Rom und will sich bei Gott rückversichern. Auch der weiß von keinem Papst und verweist auf seinen Sohn, der sich da unten besser auskenne. Jesus erinnert sich ebenfalls an nichts und geht, um mit dem Bittsteller zu sprechen. Kurz darauf kommt er lachend zurück und berichtet amüsiert: »Stellt Euch vor: Den Anglerverein, den ich vor 2000 Jahren gegründet habe, gibt es immer noch!«

Markus 2,1–12

Im niederrheinischen Wallfahrtsort Kevelaer steht ein Mann an der Gnadenkapelle und ruft immer wieder: »Ich kann wieder laufen! Jetzt kann ich wieder laufen!« Ruft der Pfarrer glaubensvoll: »Der Herr Jesus hat Sie geheilt wie den Gelähmten in Kapernaum! Halleluja!« »Blödsinn«, entgegnet der Mann. »Se ham mir dat Fahrrad geklaut.«

Markus 4,1–9 parr.

Dieser Witz gehört in Mundart erzählt.

Der Pfarrer predigt über Jesu Gleichnis vom Sämann. Ein Bauersknecht hört aufmerksam zu. Nach dem Gottesdienst wird er vom Bauern im Wirtshaus gefragt, worüber der Pfarrer denn gepredigt habe. »Über Landwirtschaft. Aber er versteht nichts davon.«

Markus 5,11–13 parr.

Vom elsässischen Pädagogen und Poeten Gottlieb Konrad Pfeffel stammt das sarkastische Gedicht über einen Exorzismus, in dem Bezug genommen wird auf die Heilung des besessenen Geraseners:

Ein Exorzist trieb Teufel aus;
Nicht einer durfte lang verweilen:
Mit Flüchen, Lachen oder Heulen
Verließ er stracks das fremde Haus.

Ein altes Weib wird vorgeführt,
Die sich mit allen Vieren bäumet;

Der Priester droht, die Vettel schäumet
Und Satanas capituliert:

»Erlaube mir nach altem Brauch,
In eine fette Sau zu fahren!«
Er sprach's und fuhr mit Haut und Haaren
Dem Exorzisten in den Bauch.

Markus 6,45–52

Der Schriftsteller Gustav Meyrink beschäftigte sich viel mit Mystik, Magie und Okkultismus. Eines Nachts kam der Wunderapostel Häusler an seine Villa am Starnberger See und rief: »Ich bin! Ich bin!«
Meyrink: »Schon, aber *wer* sind Sie?«
Häusler: »Ich bin Christus!«
Da öffnete Meyrink das Haustor, geleitete seinen Gast an das Seeufer und wies auf die Wasserfläche: »Bitte, wandeln Sie!«
(Der Wunderapostel verzichtete klug auf diese Probe seiner Identität und Wunderkraft – und wurde vom Schriftsteller zum Frühstück eingeladen.)

Köhler, Donnerwetter 22

Am See Genezareth gibt es Boote zu mieten, damit fromme Pilger und (vielleicht etwas weniger fromme) Touristen auf dem See fahren können.

»Was kostet der Spaß?«, fragt ein interessierter Reisender.
»40 Dollar die Stunde.«
»Das ist ja ganz schön happig!«
»Aber bedenken Sie: Dies ist der See, auf dem schon Jesus selbst gewandelt ist!«
»Na, kein Wunder bei den Preisen!«

Ähnlich bei von Campenhausen, Theologenspieß 83; eine jüdische Variante bei Landmann, Witze 211f.

Jesus und Mose spielen Golf am Ufer des Sees Genezareth. An einer kleinen Bucht wählt Jesus das Dreier-Eisen, um den Ball darüber zu schlagen, wird aber von Mose gewarnt: »Nu, das mecht nicht gehen mit dem Dreier!« Jesus erwidert: »Und ob das geht! Das habe ich bei Tiger Woods gesehen!« Doch der Ball fliegt nicht weit genug und fällt ins Wasser. Mose teilt seufzend das Wasser, um den Ball wieder zu holen. Das sportliche Malheur wiederholt sich noch zweimal. Da wird Mose sauer: »Bin ich meschugge? Kannst den Ball selber holen!« Als Jesus über das Wasser geht, kommen einige Touristen und sprechen Mose an: »Ist das da nicht Jesus?« Darauf Mose: »Ach Jesus-Schmesus! Mecht er schon sein. Aber glauben tut er, er ist Tiger Woods ...«

vgl. van der Felde, Wasser 10f

Markus 10,14 parr.

Ein Klassiker des ostfriesischen Humors, zu dessen Verständnis man wissen muss, dass der Familienname *Ihnen* verbreitet und *Weert* ein alter ostfriesischer Vorname für Jungen ist.

Lüttje Weert Ihnen kummt van't Söndagsschool terüüg un is an't blaaren. »Wat heest denn, Jung?«, fraagt sin Moeder. »Wat is Jesus bloot vör 'n maal Mann«, seggt Weert. »Vandaog hebb wi de Geschicht hört, wor he seegt, dat all Kinner toe hum komen sallen – un *Weert Ihnen* nich!«

Markus 11,1–11

Friedrich Daniel Ernst Schleiermacher, der berühmte Berliner Theologe, machte morgens gerne einen Ausritt durch den Tiergarten. Zwei spöttische Beamte, die ihm entgegen kamen, riefen: »Ein Gottesmann hoch zu Ross, während Jesus nur auf einem Esel in Jerusalem eingezogen ist!«

Schleiermacher vom hohen Ross herab: »Solche Bescheidenheit ist heute unmöglich, weil sämtliche Esel im Staatsdienst sind!«

vgl. Kokschal, Buch 241

Markus 12,41–44

Ein alter Witz aus jener fernen Zeit, als Euro und Cent noch unbekannt waren (Haas, Theologe 72):

»Wie viel mag das Scherflein der armen Witwe betragen haben?«, wird ein Mädchen gefragt. »12 Mark und 42 Pfennige.« »Wie kommst du denn darauf?« »Herr Pastor, so steht es doch in der Bibel: Das Scherflein der Witwe Mark. 12,42.«

Markus 14; 15 (Passion)

Bei der mündlichen Aufnahmeprüfung für einen Studentenklub in Oxford wurde Oscar Wilde die Aufgabe gestellt, aus dem Griechischen des Neuen Testaments zu übersetzen. Die Passage war der Passionsgeschichte entnommen. Leicht und genau begann Wilde zu übersetzen. Die Prüfer nickten zufrieden und sagten, es sei genug. Aber Wilde schien sie nicht zu hören und fuhr fort zu übersetzen. Erst nach einem weiteren Versuch gelang es ihnen, Wilde zu stoppen. »Oh, lasst mich weitermachen!«, bat Wilde, »Ich will wissen, wie es ausgeht!«

Köhler, Donnerwetter 28

Markus 14,33

S. zu Hosea 3,5!

Lukas 1,26–38

Dämliche Ausschmückungen biblischer Texte werden sofort bestraft:

Im Kindergottesdienst wird am ersten Advent die Ankündigung der Geburt Jesu erzählt: »Maria sitzt in ihrem Zimmer, da klopft es an der Tür und hinein tritt mit zwei langen weißen Flügeln …«

»Ich weiß es, ich weiß es«, unterbricht Tobias, »der Klapperstorch!«

vgl. Bemmann, Witz 258

Lukas 1,63 (vgl. 1,13.60)

Johannes Rau, der verstorbene Bundespräsident und langjährige Ministerpräsident Nordrhein-Westfalens, wurde geboren, als sein Vater, ein Prediger der Landeskirchlichen Gemeinschaft, gerade auf missionarischer Reise war. Diesem wurde die Geburt seines Sohnes telegrafiert; seine Antwort fiel knapp aus: »Komme übermorgen – Stopp – Lukas 1,63.« Die junge Mutter schlug gleich nach und las: »Er heißt Johannes.«

Lukas 2,1–20 (Weihnachten)

Von seiner frommen Frau aufgefordert, der kleinen Kirche von Colombey-les-Deux-Églises zu Weihnachten etwas Besonderes zu schenken, soll Charles de Gaulle doch tatsächlich eine Kerze mit folgender Aufschrift gestiftet haben: »Le grand Charles aux petit Jesus.«

(Übrigens hat der General in Colombey-les-Deux-Églises dann auch seine letzte Ruhestätte gefunden, in einem überraschend bescheidenen Grab.)

vgl. Röhrich, Witz 208

Lukas 2,7b (Jungfrauengeburt)

Zimmersuche: Maria und Josef suchen dringend ein Zimmer. Alles ausgebucht. Schließlich versuchen sie es in einem schäbigen Hotel am Stadtrand. Auf ihr Klingeln schleppt sich der verschlafene Wirt an die Rezeption und fragt unwirsch: »Was wollen sie?« »Wir brauchen ein Doppelzimmer.« »Aussichtslos.« »Aber meine Frau ist in anderen Umständen.« »Na und«, raunzt der Wirt, »damit hab' ich doch nichts zu tun!« Sagt Josef: »Ja, glauben Sie vielleicht, ich?«

Lukas 2,15–20

Behind the inn at Bethlehem the shepherds found the stable where the new-born child who was to be the hope of Israel lays. They opened the creaking door and saw the holy family in the lamplight for the first time. Joseph called softly to them: »Come inside!«

The floor was covered with straw and non of them saw the rake lying in it with its prongs upward. One of them stepped on it and the handle flew up and dealt him a cruel blow on the forehead.

»Jesus Christ!« he exclaimed.

»Well, that's a good idea,« said Joseph, »we were thinking of calling him Fred.«

Zu diesem Witz gibt es eine deutsche Variante mit dem hübschen Namen Karl-Heinz. Der Witz verrät aber britischen Humor und ist darum hier im englischen Original mitgeteilt.

Lukas 2,16 (Heilige Familie)

Kunstunterricht: Der Lehrer behandelt »Die Heilige Familie« von Michelangelo. »Bitte«, fragt Renate, »warum wurde Jesus nicht in einem richtigen Bett geboren?« »Weil es keinen Raum in der Herberge gab, und überhaupt: Seine Eltern waren sehr arm.« »So arm können sie nicht gewesen sein, wenn sie es sich leisten konnten, sich von Michelangelo malen zu lassen!«

Dazu finden sich jüdische Varianten mit einem Grünewald-Bild bei Landmann, Witze 200 und mit Tizians »Die heilige Familie auf der Flucht« bei Bemmann, Witz 216.

Lukas 5,5

Laurence Sterne, der Autor des Tristram Shandy, war auch in seinen Predigten oft witzig. Seine Gemeinde war deshalb sehr aufmerksam, als er am Tag nach seiner Hochzeit den Gottesdienst zu halten hatte. Er stellte die Predigt unter das Wort des Petrus: »Herr, siehe, wir haben die ganze Nacht gearbeitet und fingen doch nichts.«

nach Köhler, Wahrheit 166

Lukas 5,10

Im Kindergottesdienst wird die Geschichte vom Fischzug des Petrus und seiner Berufung erzählt. Unnötigerweise fasst die Mitarbeiterin die Geschichte nochmals zusammen: »Also, Petrus war ein Fischer, aber als Jesus ihn rief, hängte er die Fischernetze an den Nagel und wurde … na, was wurde Petrus?«

»Polizist«, ruft Jessica.

»Aber Jessi, wieso Polizist?«

»Na, Jesus sagt doch zu ihm: *Von nun an wirst du Menschen fangen.*«

Lukas 10,37

S. zu Johannes 13,27!

Lukas 16,19–31 (Himmel und Hölle)

Mark Twain wurde nach seiner Meinung über das Paradies und die Hölle befragt. »Ich möchte mich zu diesem Thema nicht äußern«, sagte er, »ich habe in beiden Institutionen gute Freunde.«

Köhler, Wahrheit 170

Lukas 18,9–14

Wie man unversehens zum »Pharisäer« werden kann, erzählt ein verbreiteter Witz, der sich ähnlich z.B. bei von Campenhausen, Theologenspieß 35; Kranz, Schmunzelkatechismus 24 findet:

Die Predigt war der Gleichniserzählung vom Pharisäer und Zöllner gewidmet. Beim stillen Gebet vor dem abschließenden Unser-Vater hört der Pfarrer, wie eine alte Dame leise murmelt: »Ich danke dir, Gott, dass ich nicht so bin wie der Pharisäer!«

Lukas 23,43

In einer Berliner Kirche findet sich auf dem Altar ein Bild der Kreuzigung; dazu liest man Jesu Wort über die Henker: »Vater, vergib ihnen, denn sie wissen nicht, was sie tun!« Dem Vernehmen nach verdeckt der Küster diesen Spruch bei Trauungen durch einen Blumenstrauß.

vgl. Bemmann, Witz 270

Lukas 23,43

Im Frühjahr 1945 nehmen die heranrückenden Amerikaner ein Eifelstädtchen unter Beschuss. Da sagt der Küster zum Pastor: »Wenn dat esu wigger jeigt, sin mer hück noch em Paradies.« Der Geistliche will ihn mit einem frommen Wunsch beruhigen: »Daför behöht uns d'r Herrjott!«

Dazu findet sich eine Variante um den Marseiller Bischof Thillier (18. Jh.) bei von Campenhausen, Theologenspieß 76f.

Ein alter Kindermund-Scherz:

»Zu welchem der beiden Schächer sagt Jesus: Heute wirst du mit mir im Paradies sein?«

»Zu dem, der Wahrlich hieß.«

Haas, Theologe 72

Johannes 2,1–11

Zwei Kindermund-Witze zu jener Jesus-Geschichte, die nach dem unmaßgeblichen Urteil schwäbischer Pietisten »net dem Herrn Jesus sei beschtes Schtück« gewesen ist.

»Warum ist bei der Hochzeit zu Kana der Wein ausgegangen?«, fragt der Lehrer. »Weil Jesus seine Jünger mitgebracht hatte.«

»Was mögen wohl die Hochzeitsgäste gedacht haben, nachdem Jesus Wasser in Wein verwandelt hatte?« fragt der Lehrer. »Den laden wir uns auch einmal ins Haus ein«, antwortet Michael.

Und noch einer:

Ein Pfarrer rast mit dem Auto eine Bundesstraße entlang. Prompt gerät er in eine Kontrolle. Dem Polizisten fällt sofort der Alkoholgeruch auf. Und eine leere Weinflasche liegt vor dem Beifahrersitz. »Haben Sie etwa getrunken?« »Nur Wasser«, schummelt der Pfarrer. »Und warum rieche ich Wein?« fragt der Polizist, nun streng. Und er weist auf die Flasche. Da sagt der Pfarrer: »Herrje, hat er es schon wieder gemacht!«

Und noch einer:

Der Morgen nach der Hochzeit. Jesus sieht seinen Jünger Petrus böse verkatert auf der Veranda liegen. Um ihm einen Gefallen zu tun, fragt er: »Na, mein Lieber, soll ich dir ein Glas Wasser bringen?« Darauf Petrus entsetzt: »Gott, der Gerechte! Hör endlich auf mit dem Quatsch!«

Und schließlich:

Ein evangelischer und ein katholischer Pfarrer besuchen gemeinsam den Dom in Trier. Der Evangelische lästert: »Der Heilige Rock ist nicht echt. Da sieht man ja noch das Etikett von C&A.« »Aber lieber Bruder«, entgegnet der Katholik, »natürlich ist der Rock echt. In der einen Tasche wurde eben die Einladungskarte für die Hochzeit zu Kana gefunden.«

vgl. Kokschal, Buch 261; Schwikart, Väter 88

Johannes 4,18

S. zu 1. Johannes 4,18!

Johannes 5,1–9

S. zu Markus 2,1–12!

Johannes 6,1–15 (Speisung der Fünftausend)

Gotthold Ephraim Lessings Vater Johann Gottfried veröffentlichte ein Gesangbuch unter dem Titel »Sonderbare Hausandachten«; hier ist zur johanneischen Fassung der Speisung der Fünftausend (vgl. Mt 14,13–21; Mk 6,30–44; Lk 9,10–17) eine Strophe zu lesen, die in die Rubrik *unfreiwillig komisch* gehört:

Andreas hat gefehlet,
Philippus falsch gezählet,
sie rechnen wie ein Kind.
Mein Jesus kann addieren
Und kann multiplizieren
Auch da, wo lauter Nullen sind.

Johannes 7,53–8,11

Jesus sieht die aufgebrachten Männer mit den Steinen in den Händen an, weist auf die Ehebrecherin und sagt: »Wer unter euch ohne Sünde ist, der werfe den ersten Stein!« Jesus bückt sich wieder, schreibt rätselhaft in den Sand; minutenlang passiert nichts, bis ein Stein in die Mitte geworfen wird und die Ehebrecherin nur knapp verfehlt. Jesus dreht sich um. »Du nervst, Mama!«

Johannes 13,27

Ein schwäbischer Pietist pflegte den Sonntag mit einem »Bibelstechen« zu beginnen: mittels eines Brieföffners die Heilige Schrift an einer zufälligen Seite aufzuschlagen und dann den dort zuerst gelesenen Vers als Losung zu nehmen. Beim ersten Stich geriet er an Matthäus 27,5 und las: »Und Judas ging hin und erhängte sich.« Eine wenig erfreuliche Losung; also noch einmal. Nun wurde es mit Lukas 10,37 unbehaglich: »Geh hin und tue desgleichen!« Das dritte Stechen war schon eine Verzweiflungstat, die ihn freilich vollends an der Führung durch Gottes Wort zweifeln ließ: »Was du tust, das tue bald« (Johannes 13,27).

Johannes 14,15–19 (Exaudi)

Warum ist der Sonntag Exaudi der traurigste Sonntag im Kirchenjahr? Antwort: Jesus ist nicht mehr da, er ist ja gen Himmel gefahren. Der Heilige Geist ist noch nicht da, er kommt ja erst an Pfingsten. Und die Gemeinde – ist auch nicht da.

Johannes 15,5

Als Organist an der Lübecker Marienkirche und Komponist erwarb sich Dietrich Buxtehude großes Ansehen. In seinem eigenen Kirchenchor, dessen musikalische Qualitäten er gering schätzte, hatte er allerdings keine Bewunderer. Im Verlauf der Jahre und der Streitigkeiten wuchs sein Ärger. Als er eine Kantate zum auf Johannes 15,5 anspielenden Text »Wir können nichts tun ohne die Gnade des Herrn« zu schreiben hatte, nahm Buxtehude Rache. Diese Zeile komponierte er als Fuge. Nun bekannten zum Amusement der Zuhörer zunächst die Bässe: »Wir können nichts, wir können nichts!« Das gaben auch die Tenöre zu: »Wir können nichts, wir können nichts!« Und das gleiche Geständnis folgte von Alt und Sopran, bevor alle Stimme sich vereinigten: »Wir können alle nichts!«

vgl. Kokschal, Buch 80; Variante bei Köhler, Wahrheit 37

Johannes 18,10f

Auf einer Reise von Venedig nach Mailand traf Casanova einen reichen Mann, der fest davon überzeugt war, das Schwert zu besitzen, mit dem der heilige Petrus dem Malchus das Ohr abgeschlagen habe. Während andere Reisende den Wert der Reliquie bezweifelten, bewunderte Casanova das Schwert, identifizierte es als echt und verkaufte dem glücklichen Besitzer für tausend Zechinen die dazugehörige Scheide.

Köhler, Wahrheit 106

Johannes 19,30

Bei den Oberammergauer Passionsspielen ist der Hauptdarsteller ausgefallen. Auf die Schnelle sucht man einen Ersatz und wird bei einem bärtigen amerikanischen Besucher fündig. Wegen mangelnder Sprachkenntnis braucht der neue Jesus-Darsteller nur das letzte Wort Jesu am Kreuz nach dem Johannes-Evangelium zu sprechen. Doch unterläuft ihm dabei ein Schnitzer: Vom Gekreuzigten sind mit starkem Akzent die Worte zu hören: »Es is' prachtvoll!«

Johannes 19,34

Passionsspiel in einem bayerischen Provinznest: Der Darsteller des Longinus verwechselt links und rechts und sticht dem »toten« Jesus-Darsteller in die falsche, nicht entsprechend gepolsterte Seite. Das fromme und ergriffene Publikum staunt nicht schlecht, als der für die Sünden der Welt gestorbene Gottessohn brüllt: »Wart nur, Sepp, bis i aba kimm und wie i di herbeutel, du damischer Lackel!«

vgl. Bemmann, Witz 234f

Johannes 20,29

Für seinen bissigen Witz auch gegenüber den Kirchen war Friedrich der Große bekannt. An der Potsdamer Nicolaikirche ließ er einmal Kolonnaden anbauen, durch die mehrere Fenster verbaut wurden; in der Kirche war es dadurch ziemlich dunkel. Darüber beschwerte sich das Presbyterium beim König. Friedrich schrieb an den Rand der Eingabe lapidar: »Selig sind, die nicht sehen und doch glauben.«

vgl. von Campenhausen, Theologenspieß 121

Apostelgeschichte (Petrus und Paulus)

Ein Witz aus den 1960er Jahren, als der Bundespräsident Heinrich Lübke verspottet wurde:

Lübke hatte erfahren, dass Petrus an der Himmelspforte die Ankommenden prüft; gerne würden dabei Fragen nach der Bibelkenntnis gestellt. Um ganz sicher zu gehen, heftete Lübke darum Spickzettel an die Innenseite seines Jacketts. Als es schließlich zur Begegnung an der Himmelspforte kommt, sagt Petrus: »Da schau her, der Herr Lübke! Sie wollen hier hinein? Na, dann verraten Sie mir mal, wie die beiden wichtigsten Apostel heißen!« Lübke wirft einen raschen Blick in die Jacke und sagt dann: »Peek und Cloppenburg.«

Apostelgeschichte 1,6–12

Während eines Staatsbesuchs am Himmelfahrtstag 1977 wundert sich KPdSU-Parteichef Breschnjew über die feiertagsleeren Straßen in Deutschland. Breschnjew fragt Bundeskanzler Schmidt nach dem Grund; der antwortet: »Heute ist Himmelfahrt.« Der russische Dolmetscher, grimmiger Atheist oder schlicht uninformiert, übersetzt die Antwort des Bundeskanzlers mit »Tag der nationalen Luftwaffe«.

Apostelgeschichte 2,1–13

Ein hübsches historisches Beispiel dafür, wie Geistesgegenwart Sprachgrenzen überwindet:

In den fünfziger Jahren fand in Paris ein ökumenischer Kongress statt. Vertreter aus verschiedenen Nationen sagten ihre Grußworte. Als der Abgeordnete aus Russland an der Reihe war, gab es eine peinliche Situation. Er wollte sein Grußwort loswerden, aber niemand konnte es ins Englische übersetzen. Schließlich rettete der Hannoversche Landesbischof Hans Lilje die Situation. In fließendem Englisch übersetzte er die Worte des nun glücklichen Gastes.

Nach Schluss der Veranstaltung wurde er von einem neugierigen Abgeordneten gelobt: »Herr Bischof, wir wissen ja, dass Sie hoch begabt sind. Aber dass Sie die russische Sprache so perfekt beherrschen, war mir noch nicht bekannt.« – Lilje antwortete lächelnd: »Ich kann gar nicht russisch, aber ich weiß, was man bei solchen Anlässen sagt.«

Apostelgeschichte 3,6

Der prunksüchtige Renaissance-Papst Leo X. (1513–1521) führte einen Diplomaten einmal durch die mit Kunstwerken bestückten vatikanischen Gemächer. »Wie Sie sehen, müssen wir nicht mehr wie unser Vorgänger, der Heilige Petrus, sagen: *Gold und Silber habe ich nicht*, wie es in der Apostelgeschichte heißt. Da entgegnete der bibelkundige Politiker: »Wohl wahr, aber Eure Heiligkeit können nun auch nicht mehr wie Petrus im selben Vers zum Gelähmten sagen: *Im Namen Jesu Christi, stehe auf und gehe umher!*«

Diese hübsche Anekdote (ähnlich z. B. bei von Campenhausen, Theologenspieß 111) wird auch Thomas von Aquin zugeschrieben und damit 250 Jahre früher angesetzt (Kokschal, Buch 267).

Apostelgeschichte 7,60

Schön konstruiert – da ohne tatsächlichen biblischen Beleg – ist auch folgender Witz; vermutlich liegt eine Variante zu Apg 7,60 (Martyrium des Stephanus) zu Grunde, die aber reichlich pietätlos ist:

Im Religionsunterricht wird eine Geschichte von Petrus besprochen. »Und Petrus fiel auf sein Angesicht und weinte bitterlich.« Der Lehrer fragt, warum wohl der Jünger weine. Kevin: »Na, tut doch weh, wenn man auf die Klappe fällt.«

Apostelgeschichte 10,14

S. zu Tobias 6,3!

Apostelgeschichte 16,23–40

Ein (wohl besonders unter Pastoren) oft erzählter Witz (z.B. Steinel, Gott 28f)

Eine Kirchengemeinde sucht einen neuen Pfarrer. Das Presbyterium ist sehr kritisch, hat an jedem Bewerber etwas auszusetzen. Der Superintendent, der die Sitzungen leitet, ist der Verzweifelung nahe und sagt, nachdem der neunte Bewerber abgelehnt worden ist: »Nun liegt nur noch eine Bewerbung vor. Klingt aber gar nicht gut. Der Kandidat schreibt nämlich, er sei oft krank, seine Krankheit habe ihm bei der Gemeindearbeit bisweilen zu schaffen gemacht. Er habe zwar schon einige Berufserfahrung, aber er hielte es nie lange in einer Gemeinde aus, nur bei einem Auslandseinsatz in der Türkei seien es einmal fast drei Jahre geworden; da sei er aber auch im Gefängnis gewesen. Er suche zwar keinen Streit, aber immer wieder sei es zu Auseinandersetzungen mit kirchlichen Autoritäten und Gemeinden gekommen. Organisation sei nicht seine Sache, letztens habe er sogar vergessen, wen er getauft habe. Und bei einer Predigt sei auch schon einmal ein junger Mann eingeschlafen. Gleichwohl glaube er, ein passabler Theologe zu sein. Darum bitte er darum, sich der hiesigen Gemeinden in Gottesdienst und Gespräch einmal vorstellen zu dürfen.«

Die Presbyter sind empört, dass ihnen diese Anfrage eines kränklichen, streitsüchtigen Pfarramtsversagers überhaupt vorgelegt wird. Sogar eine Probepredigt wird nicht befürwortet. Der Superintendent schließt die Mappe und sagt: »Ich habe mir das schon gedacht, dass der Mann nichts für Sie ist. Aber Sie sollen doch wenigstens den Namen dieses beklagenswerten Mannes erfahren. Hier, am Schluss, steht es in großer, etwas zittriger Schrift: ein gewisser Apostel Paulus.«

Apostelgeschichte 17,32

Der große evangelische Theologe Karl Barth und sein Freund Heinrich Scholz, Professor für mathematische Logik, diskutierten über die Wissenschaftlichkeit der Theologie. Scholz fragte seinen Freund einmal direkt: »Sage mir doch einfach, auf welchem vernünftigen Grundsatz ist denn die christliche Theologie aufgebaut?« Barth antwortete: »Jesus Christus ist auferstanden von den Toten.« Barth berichtete später, wie der skeptische Mathematiker reagierte: »Da hat er mich ernst angeschaut und gesagt: ‚Das geht gegen alle Gesetze der Physik, der Mathematik und der Chemie, aber jetzt verstehe ich, was du meinst.‹«

nach Busch, Glaubensheiterkeit 46f

Apostelgeschichte 20,7–12

Ein Pastor und ein Omnibusfahrer werden an der Pforte zum Himmel beurteilt. Dem Busfahrer öffnen sich nach kurzer Besprechung die Türen. Im dann verlesenen Himmelsgutachten wird der Pastor mit dem Apostel Paulus verglichen. Welche Ehre! Umso erschrockener ist er, als ihm dennoch der Zutritt zum Himmel verwehrt wird. Auf seine Beschwerde bekommt er zur Antwort: »Das ist schon in Ordnung so, denn wenn der Busfahrer gefahren ist, haben die Leute gebetet. Aber wenn du gepredigt hast, sind sie wie bei Paulus in Troas eingeschlafen.«

S. auch zu Apostelgeschichte 16,23–40!

Römer u.a. (Apostel)

Die feministisch ambitionierte Lehrerin fragt: »Was sind die Episteln?« Schülerin entdeckerinnenfreudig: »Die Frauen der Apostel?«

Köstlich auch des seligen Robert Gernhardts Reim (R. Gernhardt/F.W. Bernstein/F.K. Waechter, Welt im Spiegel. WimS 1964–1976, Frankfurt am Main 1979):

Paulus schrieb an die Apostel:
»Ich taufe alle Frauen Chrostel.«
Doch Petrus schrieb in der Epistel:
»Das heißt nicht Chrostel, sondern Christel.
Und wenn ich gegen eins was habe,
sind's Fehler nur dem Reim zulabe.«

1. Korinther 1,16

S. zu Apostelgeschichte 16,23–40!

1. Korinther 13,2

Eine Gruppe enthusiastisch glaubender Koreaner bereist Deutschland. Als der ICE bei Hildesheim die norddeutsche Tiefebene erreicht, ruft einer: »Hier müssen fromme Menschen wohnen: Alle Berge sind versetzt!«

1. Korinther 15 (Auferstehung)

S. zu 1. Thessalonicher 4,14!

2. Korinther 12,7

S. zu Apostelgeschichte 16,23–40!

Galater 2,11–14

S. zu Apostelgeschichte 16,23–40!

Galater 6,2

Ein Franziskaner und ein Jesuit fahren gemeinsam in den Urlaub. Nach dem Wort des Apostels Paulus, dass jeder die Lasten des anderen zu tragen habe, verabreden sie, alles miteinander zu teilen. Während der Fahrt geht noch alles nach Plan. Aber schon bei der Ankunft wird klar, dass der Jesuit nicht anpacken will; der arme Franziskaner muss beide Reisetaschen tragen. »Was ist mit unserer Abmachung«, fragt er zaghaft den Jesuiten. »Wollten wir nicht alle Lasten teilen?« »Machen wir doch, lieber Bruder«, antwortet der Jesuit. »Du trägst die Taschen, ich die Verantwortung.«

Galater 6,11

S. zu Apostelgeschichte 16,23–40!

Philipper 1,21

Für viele Organisten sind die zusätzlich bezahlten Dienste bei Trauerfeiern ein wichtiges Zubrot. Darum ist jenes Paulus-Wort aus Philipper 1 ihr Motto: »Christus ist mein Leben und Sterben ist mein Gewinn.«

Philipper 4,4

Theologisches Examen: Ein ziemlich hoffnungsloser Fall sitzt zusammengesunken vor dem Prüfer. »Sie wissen ja rein gar nichts«, stellt dieser fest. »Können Sie wenigstens einen einzigen Satz aus dem Neuen Testament auswendig?« Zaghaft kommt die Antwort: »Ja, doch: *Freuet euch im Herrn.*« »Naja, und vielleicht noch einen anderen Satz?« Da geht ein Strahlen über das Gesicht des Kandidaten: *»Und abermals sage ich: Freuet euch!«*

Dieser Witz ist geistreicher, als es zunächst den Anschein hat. In der Wiederholung ist mehr gesagt als eben nur der wiederholte Satz. Die Freude am Evangelium kann nicht oft genug gesagt werden. Zum ersten Mal habe ich diesen

Witz von Eberhard Jüngel gehört, einem Denker der Freude des Glaubens.

1. Thessalonicher 4,14 (Auferstehung)

Karl Barth wurde einmal von einer Frau gefragt: »Können Sie mir ganz klipp und klar sagen: Werde ich im Himmel gewiss auch meine Lieben wieder sehen?« Barth erwiderte darauf spontan: »Machen Sie sich darauf gefasst, nicht *nur* Ihre Lieben!«

Busch, Glaubensheiterkeit 91; von Campenhausen, Theologenspieß 28

Friedrich der Große erhält eine Akte vorgelegt, in der es um die Amtsenthebung eines Pfarrers geht. Diesem wird Freigeisterei vorgeworfen; insbesondere habe er geäußert, dass er aus Vernunftgründen nicht an die Auferstehung der Toten am Jüngsten Tage glaube. Der König – »Jeder soll nach seiner Façon selig werden!« – weist die Eingabe mit einer Randbemerkung ab: »Ist seyne Sache! Wenn Er nicht auferstehen will, so soll Er doch meinetwegen am Jüngsten Tage liegen bleiben!«

Oft erzählt und veröffentlicht, z.B. bei von Campenhausen, Theologenspieß 26; Kranz, Schmunzelkatechismus 15

1. Thessalonicher 5,21

Richter: »Nicht nur, dass Sie gestohlen haben – Sie haben auch noch aus Kästen und Schubladen alles herausgeholt und umhergestreut.«

Angeklagter: »Ja, ja, Herr Richter, ich dachte an das Wort des Apostels Paulus: *Prüfet alles und das Beste behaltet*.«

2. Timotheus 2,16

Für das Examen seines Vikars hat der Pfarrer ein Gutachten zu schreiben. Der Prüfungskommission schickt er einen Brief mit wenigen nichtssagend-lobenden Sätzen, denen mit großem Abstand am unteren Rand des Briefbogens seine Unterschrift folgt. Nach dem knapp bestandenen Examen fragt der Vikar nach dieser eigenartigen Gestaltung des Briefes und erhält zur Antwort: »Lieber junger Kollege, Sie wissen, dass ich ein schrifttreuer Mann bin. Und der Apostel Paulus schreibt: *Halte dich ferne von ungeistlichem losen Geschwätz.*«

Eine jüdische Variante (mit dem Stichwort Lüge) bei Goldschneider, Kain 27.

2. Petrus 3,8

S. zu Psalm 90,4!

1. Johannes 4,18

Traugottesdienst: Der Pfarrer begrüßt die Braut: »Ich grüße dich mit 1. Johannes 4,18.« Da die Braut atemberaubend aussieht, vergisst er, den genannten Vers ausführlich zu zitieren. 1. Johannes 4,18 wird gelegentlich bei Trauungen herangezogen: *»Furcht ist nicht in der Liebe. Sondern die vollkommene Liebe treibt die Furcht aus.«* Die Braut hatte sich die Versangaben gut gemerkt und schlägt am nächsten Tag in der Bibel nach, allerdings ist ihr entgangen, dass es ziemlich weit hinten im Neuen Testament den ersten Johannesbrief gibt. Stattdessen schlägt sie das ihr bekannte Johannes-Evangelium an der Stelle 4,18 auf. Sie staunt nicht schlecht, als sie liest: *»Fünf Männer hast du gehabt. Und den du jetzt hast, der ist nicht dein Mann.«*

Hebräer 12,6

Eine Frau, durch Krankheit geplagt, sucht ihren Seelsorger auf und klagt ihm ihr Leid. Der Pastor sitzt selbstzufrieden hinter seinem Schreibtisch und meint: »Seien Sie getröstet. Im Hebräerbrief steht: *Wen der Herr lieb hat, den züchtigt er.*« Die Frau schweigt lange und sieht das feiste Gesicht ihres Gegenübers. Dann sagt sie: »Ach, lieber Herr Pastor, Ihnen sieht man es ja an, dass Sie mir auch raten können, was ich tun muss, damit der liebe Gott mich nicht mehr so arg lieb hat.«

vgl. z.B. Bemmann, Witz 51f

Jakobus 4,17

Der Erweckungsprediger Charles H. Spurgeon hält eine Missionsstunde. Anschließend lässt er seinen Hut herumgehen. Niemand legt etwas hinein. Die Zuhörer sind darauf gespannt, wie Spurgeon das übliche Dankgebet formuliert. Er ist verdutzt, als er in seinen Hut schaut, und betet dann: »Herr, ich lobe dich von ganzem Herzen und danke Dir, dass mir diese geizige Bande meinen Hut zurückgegeben hat!«

vgl. z.B. Haas, Theologe 61

Jakobus 5,16b–18

Dieser Witz kursiert in vielen Varianten (vgl. z.B. Kranz, Schmunzelkatechismus 20f):

Die Pfarrsekretärin hatte vergessen, die fromme Witwe des Altbürgermeisters persönlich zum Gemeindefest einzuladen. Einen Tag vor dem Fest will der Pfarrer das telefonisch nachholen, bekommt aber zur Antwort: »Jetzt kann ich leider nicht mehr kommen, ich habe wie Elias, der Mann Gottes, um Regen gebetet.«

Offenbarung 3,19

S. zu Hebräer 12,6!

Offenbarung 3,20

S. zu Genesis 3,10!

Offenbarung 7,15

Nach mehr als zehn Jahren bekommt das Pfarrerehepaar doch noch Nachwuchs. Die dankbar-fromme Geburtsanzeige gerät indes zum Debakel:

Wir freuen uns über die Geburt unseres Sohnes und danken dem Herrn, der über uns wohnt.

Diese Anekdote kann auch mit Offenbarung 21,3 erzählt werden: *Der Herr wohnt bei uns.*

Keiner Bibelstelle zuzuordnen, aber lustig sind folgende Witze:

»Euer Lachen verkehre sich in Weinen«, heißt es in Jakobus 4,9; es kann auch umgekehrt zugehen, wie eine alte Anekdote zeigt (vgl. Steinel, Gott 35):

Ein Bremer Kaufmann, der schon dreimal Witwer geworden war, hat zum vierten Mal geheiratet. Kaum ein halbes Jahr nach seiner Hochzeit kommt er aufgelöst zum Pastor: »Herr Pastor, ich muss da dscha nu langsam selber bei lachen, aber stellen Se sich mal vor: Was meine vierte Frau is, die is nu auch schon wieder dood!«

St. Peter decides to take the day off to go fishing, so Jesus offers to keep an eye on the Pearly Gates. He is not sure what to do, so Peter tells him to find out a bit about people as they arrive in Heaven, and this will help him decide if he can let them in.

After a while, Jesus sees a little old man with white hair approaching who looks very, very familiar. He asks the old man to tell him about himself. The old man says, »I had a very sad life. I was a carpenter and had a son who I lost at a relatively young age, and although he was not my natural child, I loved him dearly.«

Jesus welled up with emotion. He threw his arms around the old man and cried, »Daddy!«

The old man replied, »Pinocchio?«

Dazu eine deutsche Variante:

Jesus geht durch die Wüste. Da kommt ihm ein alter, blinder Mann mit wallendem, weißen Haar entgegen, die Arme suchend ausgestreckt: »Ich suche meinen Sohn, ich suche meinen Sohn.« Meint Jesus zu ihm:

»Vielleicht kann ich dir helfen, alter Mann. Beschreibe mir deinen Sohn, woran kann man ihn erkennen?«
Der alte Mann: »Er hat Löcher an Händen und Füßen, die von Nägeln stammen!«
Darauf Jesus: »Vater!«
Und der alte Mann: »Pinocchio!«

Ein Protestant, ein Katholik und ein Jude unterhalten sich über ihre bedeutende Verwandtschaft. Der Evangelische legt vor: »Mein Großvater war Superintendent!« »Da habe ich mehr zu bieten«, meint der Katholik, »mein Onkel ist Kardinal und muss mit *Euer Eminenz* angeredet werden.« Sagt der Jude: »Ach, Eminenz, Schleminenz! Wenn meine Großtante kommt zu Besuch, dann ruft die ganze Mischpoke: *Gott, der Gerechte*!«

Diesen Witz gibt es auch als Variante einer Musikeranekdote um Max Reger (Kokschal, Buch 302).

Literaturhinweise

Bemmann, Hans, Der klerikale Witz, München [7]1983.

Berger, Peter L., Erlösendes Lachen. Das Komische in der menschlichen Erfahrung, Berlin/New York 1998.

Bernack, Friedrich, »Es ist besser zu lachen als sich zu ärgern!«. Vom Humor in der Bibel, Stuttgart 2007.

Boeckler, Richard, Ob Gott selber den Humor predigtreif gemacht hat? Die Prise Humor im Kanzelgepäck: Pastoralblätter 145, 2005, 315–318.

Bukowski, Peter, Humor in der Seelsorge. Eine Animation, Neukirchen-Vluyn/Wuppertal 2000, [2]2001.

Busch, Eberhard, Glaubensheiterkeit. Karl Barth. Erfahrungen und Begegnungen, Neukirchen-Vluyn [4]1986.

Campenhausen, Hans von, Die Heiterkeit der Christen: Tradition und Leben. Kräfte der Kirchengeschichte. Aufsätze und Vorträge, Tübingen 1960, 431–440.

Campenhausen, Hans von, Christentum und Humor: Aus der Frühzeit des Christentums. Studien zur Kirchengeschichte des ersten und zweiten Jahrhunderts, Tübingen 1963, 308–330.

Campenhausen, Hans von, Theologenspieß und -spaß. Christliche und unchristliche Scherze, durchgesehen und erweitert von Axel von Campenhausen, Göttingen [7]1988.

Felde, Theo van der, Du läufst mir nicht übers Wasser! Nicht ganz fromme Witze, München 2006.

Goldschneider, Filipp, »Warum hat Kain Abel erschlagen?« – »Weil Abel ihm alte jüdische Witze erzählt hat.« Jüdische Witze, Frankfurt am Main 1996.

Haas, Euthymius (pseud. Hermann Mulert), Der vergnügte Theologe, Gütersloh 1979.

Hirsch, Eike Christian, Der Witzableiter. Oder Schule des Gelächters, München [3]2001.

Köhler, Peter, Wenn ich die Wahrheit sagen sollte, müsste ich lügen. Das Anekdoten-Buch, Stuttgart 2001, ND 2005.

Köhler, Peter, Donnerwetter! Da hab' ich mich umsonst besoffen. Dichteranekdoten, Stuttgart 2004.

Kokschal, Annegret, Das große Buch des christlichen Humors. Witze, Anekdoten und Büttenpredigten, Erfurt 2005.
Kranz, Gisbert, Schmunzelkatechismus. Eine heitere Theologie, Donauwörth [11]2005.
Küstenmacher, Werner, Tikis Buch der frommen Witze, Augsburg 1994.
Kuschel, Karl Josef, Lachen. Gottes und der Menschen Kunst, Freiburg 1994, ND Tübingen 1998.
Landmann, Salcia, Jüdische Witze, Olten 1962, München 1963.
Landmann, Salcia, Neues von Salcia Landmann. Jüdischer Witz, München/Berlin 1972.
Landmann, Salcia, Die klassischen Witze der Juden. Verschollenes und Allerneustes, Frankfurt am Main 1989.
Raveling, Wiard, Limericks, Stuttgart 2005.
Röhrich, Lutz, Der Witz. Seine Formen und Funktionen. Mit tausend Beispielen in Wort und Bild, Stuttgart 1977, ND München 1980.
Roland, Oliver (Hg.), Humor in der Kirche. Der christliche Witz, Anthologie für Religion 4, Mannheim 2006.
Steinel, Kurt, Und Gott schreibt auch auf krummen Linien gerade, Kleine Burckhardthaus-Bücherei 7, Gelnhausen 1959.
Schwikart, Georg, Herr, segne die Väter dieses Kindes. Heiteres und Kurioses aus der Welt der Religionen, Würzburg 2003.
Sheffey, Steven, God Has Brought Me Laughter. Jokes for the weekly Torah portion, Lincoln/NE 2004.
Thoma, Dieter/Howland, Chris/Jamin, Peter, Kennen Sie den …? Die Lieblingswitze der Deutschen, München 2003.
Thiede, Werner, Das verheißene Lachen. Humor in theologischer Perspektive, Göttingen 1986.
Thielicke, Helmut, Das Lachen der Heiligen und Narren. Nachdenkliches über Witz und Humor, Freiburg 1974, ND Stuttgart 1988.
Zander, Hans Conrad, Darf man über Religion lachen? Eine Kreuzfahrt von Voltaire über Wilhelm Busch zu Joachim Kardinal Meisner, Köln 2005.
Zumkehr, Hansfrieder, Der Witz (in) der Predigt: Pastoralblätter 141, 2001, 117–122.